I0627876

Livraria Saraiva

Rua Augusta, 2843 - SP - Tel.: (0xx11) 282-9415 - Fax: 881-2471
Edifício Morro Vermelho, Loja 28 Térreo - Brasília - Tel.: (0xx61) 323-4115 Fax 323-5137
Rua João Cachoeira, 652 - SP - Tel/Fax: (0xx11) 3845-8743
Rua Maria Antonia, 328 - SP - Tel/Fax: (0xx11) 257-3066
Rua Sete de Setembro, 280 - Recife - Tel.: (0xx81) 231-6613 - Fax: 222-4958
Rua Álvares Cabral, 494 - Ribeirão Preto - Tel.: (0xx16) 635-2842 - Fax: 635-9065
Rua Sete de Setembro, 73 - RJ - Tel.: (0xx21) 509-7460 - Fax: 242-2330
Rua São Bento, 196 - SP - Tel.: (0xx11) 3105-8111 - Fax: 3104-8123
Praça Embaixador Pedro de Toledo, 32 - Sto. André - SP - Tel.: (0xx11) 4990-1796 - Tel./Fax: 4990-9062
Praça da Sé, 423 - SP - Tel: (0xx11) 3104-5313 - Fax: 3105-2475
Rua Sete de Abril, 65 - SP - Tel/Fax: (0xx11) 257-1484
Faculdade São Judas - Tel.: (0xx11) 6692-7504

Shopping Iguatemi - SP - Tel.: (0xx11) 3031-7093 - Fax: 3812-0060
Shopping Interlagos - SP - Tel./Fax: (0xx11) 5563-3252
Shopping Paulista - SP - Tel.: (0xx11) 289-5873 - Fax: 283-1321
Shopping RJ - Iguatemi - RJ - Tel.: (0xx21) 577-5444 - Fax: 577-1849
Shopping RJ - Tijuca - RJ - Tel.: (0xx21) 568-6225 - Fax: 569-7563
Shopping S. José Campos - SP - Tel.: (0xx12) 322-2400 - Fax: 322-2894
Shopping S. José Rio Preto - SP - Tel.: (0xx17) 227-2627 - Fax: 227-5249
Shopping West Plaza - SP - Tel.: (0xx11) 3864-0037 - Fax: 3862-6030

Megas Store:

Anália Franco-SP / Campinas-SP / Center Norte-SP / Eldorado Music Hall-SP
Ibirapuera-SP / Morumbi-SP / Ribeirão Preto-SP / Praia Belas-RS
Ouvidor-RJ / Curitiba-PA / New York City Center-RJ e Rio Sul-RJ

DESTA VEZ
EU EMAGREÇO!

Alfredo Halpern
Claudir Franciatto

DESTA VEZ EU EMAGREÇO!

ou

As peripécias de um gordo em busca
do emagrecimento até chegar ao
BALANÇO DE PONTOS

3ª EDIÇÃO

EDITORA RECORD
RIO DE JANEIRO • SÃO PAULO

2002

CIP-Brasil. Catalogação-na-fonte
Sindicato Nacional dos Editores de Livros, RJ.

Halpern, Alfredo
F184d   Desta vez eu emagreço: as peripécias de um gordo em busca
3ª ed.   do emagrecimento até chegar ao balanço de pontos / Alfredo
Halpern, Claudir Franciatto. – 3ª ed. – Rio de Janeiro: Record,
2002.
160p.

ISBN 85-01-06213-8

1. Halpern, Alfredo. 2. Obesidade. 3. Emagrecimento. 4. Dieta
de emagrecimento. I. Franciatto, Claudir. II. Título.

                   CDD – 616.398
01-1073   CDU – 616.399

Copyright © 2001 by Alfredo Halpern e Claudir Franciatto

Direitos exclusivos desta edição reservados pela
DISTRIBUIDORA RECORD DE SERVIÇOS DE IMPRENSA S.A.
Rua Argentina 171 – Rio de Janeiro, RJ – 20921-380 – Tel.: 2585-2000

Impresso no Brasil

ISBN 85-01-06213-8

PEDIDOS PELO REEMBOLSO POSTAL
Caixa Postal 23.052
Rio de Janeiro, RJ – 20922-970

EDITORA AFILIADA

Agradeço às nutricionistas que trabalharam e que trabalham comigo, sem as quais o meu trabalho com os pacientes obesos ficaria incompleto.

Agradeço em particular às atuais nutricionistas Mônica Beiruti, Ana Paola Monegaglia e Mariana Del Bosco Rodrigues, que me ajudaram a "bolar" o Balanço de Pontos.

Alfredo Halpern

Agradeço a todos os santos que me ajudaram e me agüentaram: Santa Rosa, Santa Marina, Santo Orlando, Santo Leon, Santa Isis, São Sidney, Santa Nilcéia, São Ricardo, São Danilo, Santa Zéza, São Mauro, Santa Marilza, São Gilberto, São Jorge e São Halpern.

Claudir Franciatto

SUMÁRIO

APRESENTAÇÃO
(NÃO MUITO GORDA)

Sempre defendi a idéia de que os médicos devem divulgar para o público leigo, de uma maneira clara e acessível, as informações sobre as matérias nas quais são especialistas.

Essa posição e a conseqüente exposição à mídia foram (e continuam sendo) objeto de críticas de muitos colegas que, em nome de uma interpretação duvidosa do que vem a ser "ética médica", não compartilham dessa minha atitude.

De qualquer maneira, acho que consegui (assim como alguns colegas que têm em comum a mesma opinião) um certo sucesso em propagar idéias científicas sobre um problema que mais e mais assola a humanidade: o excesso de peso.

Assim sendo, tornei-me uma espécie de conselheiro ou opinador sobre o assunto nos veículos de comunicação. Eis que, para uma reportagem especial sobre obesidade a ser publicada num determinado jornal, tive o prazer de ser entrevistado por um indivíduo que desde o começo me chamou a atenção: inteligente e culto, escritor de vários livros, rabo-de-cavalo e... gordo! À medida que a entrevista se desenrolava, percebi que o Claudir Franciatto (este é o seu nome) conhecia tudo sobre o assunto. Não só conhecia como tinha experimentado na pele a esmagadora maioria dos métodos de emagrecimento na sua quase totalidade destituída de qualquer fundo científico, e fruto da ambição dos seus criadores e da avidez pela magreza dos seus consumidores.

Há muito tempo eu vinha pensando num livro que refletisse o universo áspero, restritivo e deprimente de um gordo na sua procura incessante pela perda de peso. Ao conversar com o Claudir achei que ele era a pessoa ideal para que escrevêssemos a quatro mãos este livro. As mãos e o cérebro privilegiado do Claudir compuseram a experiência de um gordo, de uma maneira dolorosa mas extremamente cômica. O meu papel foi tentar interpretar cientificamente os percalços e o porquê do fracasso no seu caminho em direção ao sonho supremo de um gordo — o emagrecimento definitivo.

O livro divide-se em três partes: na primeira, o Claudir descreve a sua antes inglória luta contra o excesso de peso. Na segunda, analiso a história do Claudir, tratando-o como uma pessoa que necessita de ajuda, assim como acontece com um número enorme de pessoas, e tento abordar o problema da maneira mais clara possível, pois sei que a matéria é realmente de grande interesse. Procuro, inclusive, esclarecer por que o Claudir não teve sucesso nas suas tentativas anteriores.

Finalmente, na terceira parte, encontra-se a proposta de solução para o excesso de peso, baseado no balanço de pontos que se utiliza do meu sistema de pontos. Nesse método, a pessoa que quer perder peso encontra, por si só, meios de calcular o número de pontos que necessita para obter bons resultados na perda e na manutenção posterior do peso.

Acho que o resultado foi muito interessante. Nos livros anteriores tentei transmitir minha experiência sobre a obesidade e os finalizei com idéias sobre a maneira de combatê-la o mais eficazmente possível.

Neste livro mesclamos, Claudir Franciatto e eu, a experiência permeada pelo senso crítico aguçado de um escritor, com a minha vontade de tentar esclarecer o problema e de dar alguma solução para os milhões de Claudires que vivem por aí.

Claro que, junto com essas informações, publico a mais nova e atualizada Tabela de Pontos. Para aqueles que não a conhecem, embora atualmente ela esteja bastante disseminada, devo dizer que a Tabela de Pontos parte do pressuposto de que você pode comer de tudo, usufruir uma vida normal, e ainda assim ter um peso saudável.

Alfredo Halpern

PRIMEIRA PARTE

DESTA VEZ, VAI!

por Claudir Franciatto

INTRODUÇÃO

— Quem mais pode falar de emagrecimento aqui sou eu!

Todos me olharam espantados. Que absurdo! Estávamos, eu, amigos e parentes, numa reunião festiva e a conversa girava em torno de dietas para emagrecer. Todos eram mais ou menos magros. Menos eu. Do alto dos meus 126 quilos falei aquilo para surpresa de todos. Mas expliquei:

— Eu já emagreci MAIS DE 300 QUILOS!

E era verdade. Ao longo de 30 anos, eu fizera tanto empenho para reduzir o peso, sem sucesso, que na somatória dava quase um terço de tonelada. Eliminava gordura e recuperava. Enquanto eles todos, mais magros, achavam que eu, por estar gordo, não tinha autoridade para falar.

De qualquer forma, o que eu vou contar aqui é a minha experiência. A vida de um gordo que não quer ser gordo. Acho que no fundo ninguém quer. Apenas não consegue. Como estou agora conseguindo.

Pode ser que exista alguém que tentou tanto quanto eu tentei. Mais que eu, acho impossível. Acompanhe a trajetória. Acredito que desta vez vai dar certo.

A GELÉIA DERRETE QUANDO ESTICA

O trocadilho é inevitável: a obesidade sempre teve um peso grande em minha vida. Desde pequeno, correndo pelos campinhos de futebol da periferia, me transformei num pequeno monstro de ficção científica. Sim, porque as gorduras sobressalentes balançavam ao gingado do meu corpo correndo atrás da bola. O que logo fez surgir o apelido de "Geléia". Uma criatura gelatinosa que, entretanto, expelia duras pedras para todos os lados.

— Passa a bola, "Geléia" — dizia o pequeno companheiro.

E, no lugar da pelota, ele recebia uma pedrada na cabeça.

Eu não aceitava o apelido. Da mesma forma como não engolia o fato de estar ficando gordo... enquanto engolia os folheados com *chantilly*.

Tenho um irmão, um ano mais velho. Ele foi, é e será magro. Trata-se de uma das poucas pessoas que eu conheço que gostam de gelatina, de preferência com pouco açúcar. As sobremesas em casa eram assim: meu irmão fazia careta para o *chantilly* e eu sentia engulhos de olhar aquela taça colorida tremulando na frente do meu irmão. Talvez porque me fizesse lembrar de mim mesmo correndo atrás da bola.

— Me passa a colher de sobremesa, "Geléia" — pedia ele à mesa. E a colher voava em direção ao seu olho esquerdo.

Meu querido irmão me chamava também, para amenizar as pedradas e colheradas, de "gordalhufo", "gordito" e outros apelidos carinhosos do tipo.

Ficar sem camisa, nem pensar. Na infância — e ao longo de toda a minha vida — jogar peladas apenas e tão-somente no time "com camisa". (Deus me livrasse de fazer parte do time "sem camisa"!) E com as meninas? A humilhação era tanta que eu nem chegava perto. Minha mãe começava a duvidar da minha virilidade. "Esse menino não sai de casa!", reclamava ela, enquanto eu me escondia e só com o rosto ficava na janela vendo as desejadas garotas passarem. Até que ela me levou numa cartomante. "Que futuro tem esse 'patachoco'?", perguntou elogiosamente minha progenitora. E sossegou com a resposta: "Ele crescerá masculamente e se transformará num senhor gordo e elegante", previu a vidente, para meu desalento completo. Mas não é que ela acertou 50% da história! Fiquei gordo e... deselegante.

Entretanto, nos anos que se seguiram, entrei na pré-adolescência com uma promessa de vida diferente. Comecei a espichar. As gorduras não resistiram ao crescimento do corpo e me deixaram, pelo menos temporariamente. Estavam acontecendo duas coisas que eu desejava muito. Uma por lucidez e a outra por loucura infantil. Eu queria emagrecer, e isso ocorria a olhos vistos. E ansiava igualmente por... ter espinhas no rosto. Isso mesmo. Possuía a infeliz idéia de que, parecendo mais velho, conquistaria as inatingíveis pessoas do sexo feminino.

Um mundo de acne cobriu minha face, tornando ainda mais platônico o mundo de conquistas que eu planejara.

Mas não havia problema. A boa notícia é que eu estava magro. Adeus, geléia baloiçante!

Agora já podia jogar por uns tempos no time sem camisa. Desfilar altivo por entre as rodas das escolares que me enlouqueciam com aquelas saias xadrezes. Só que, ao contrário de antes, agora eu escondia era o rosto. "Deixa eu espremer?", pedia, ensandecida, uma dessas sadomasoquistas que não podem ver uma acne amarelada ou um cravo bem preto. Nessa fase, se eu pudesse, andava o tempo todo sem camisa... e com um saco de pipoca enfiado na cabeça. Mas era apenas uma fase. Quem ligava para as meninas enquanto podia devorar chocolates? Só não sei por que surgiam aquelas espinhas tão desagradáveis. Que coisa estranha!

UMA VISITA INESPERADA À "CASA DA BANHA"

Preciso voltar ao tema das garotas, antes de prosseguir. Não é obsessão atual, não. Era naquela época. Por motivos óbvios. Muitas vezes, me pegava procurando um botão "liga-desliga" no meu corpo. Explico: tantas foram as vezes que eu entrei numa sala lotada de meninas e fui ignorado, que comecei a cismar. Eu chegava, com aquela camisa nova, sapato lustrado, e nenhuma delas nem sequer ameaçava virar o rosto na minha direção. Então, comecei a desconfiar de que poderia ficar invisível às vezes. Só não achava o botão "*power*" para dominar o processo em mim. Ficava invisível quando menos desejava.

Com o tempo, fiquei sabendo que isso ocorria com um bom número de rapazes daquela época. Estou falando dos anos 60. As garotas assistiam aos filmes do Elvis e dos *bad boys* que andavam de lambreta e de moto. Elas eram incentivadas pelos pais a procurar alguém que já estivesse com futuro delineado. Ou seja, com carro, na faculdade, ou de família rica etc. Os mais velhos ficavam com as formosas prendas e um verdadeiro exército de moços de 13, 14 anos sobrava. Eu fui um deles.

Imagine tudo isso, no meu caso, sem entender nada e ainda engordando! Levou uns 35 anos para eu me convencer de que não era feio (principalmente quando emagrecia). Mas o problema é que, passada a fase de esticar e ganhar espinhas, já com 17 anos, reiniciei o meu processo de engorda.

Pânico! Todas as sirenes começaram a tocar dentro de mim. O paradoxo que me torturava era o seguinte: "Meu Deus, quanto mais gordo, mais invisível eu vou ficar! Me ajude..."

Até que alguém — acho que foi minha mãe, mas não tenho certeza —, tentando me ajudar, falou de uma tal de "Casa da Banha". Um conjunto de microconsultórios médicos que reunia a nata dos maus endocrinologistas da época. Eles atendiam hordas de desesperadas e desesperados, como eu, com uma novidade espantosa: já era possível perder o apetite, evaporar mais rápido o líquido do corpo, defecar mais vezes... quer dizer, tudo o que nos "ajudava" a eliminar os quilos em excesso. O apelido "Casa da Banha" deve ter sido dado por algum invejoso querendo sugerir que aquilo era um abatedouro de suínos. Imagine!

Entrei na sala do médico meio tímido, como que diante de uma divindade. "Sente-se, por favor."

— Bom dia, doutor.

— Bom dia. Pelo que vejo você necessita perder uns 10 quilos.

— Isso é possível, doutor?

— Totalmente. Antes preciso lhe fazer algumas perguntas. Já foi operado do coração?

— Não senhor.

— Tem alguém na sua família que sofre de diabetes?

— Não senhor, que eu saiba. (Naquele tempo pouca gente sabia o que era isso, mas como se tratava de doença com nome complicado, fui logo respondendo que não.)

— Já foi operado de fimose?

— Como?

— Deixa pra lá. Vou lhe receitar uns medicamentos que muito poderão lhe ajudar no emagrecimento. E aqui está a dieta que você deverá seguir.

O que ele chamava de "dieta" era, na verdade, o evangelho da fome. Carnes magras com salada. Um pires de cada. Levei um choque, mas corri para a farmácia que ele mesmo indicou. "É a única que sabe manipular esta fórmula", explicou. Sem saber que era eu quem estava sofrendo manipulação, entreguei a receita ao farmacêutico e o milagre se completou aos meus olhos. A fórmula estava pronta: anfetamina, diurético, calmante, hormônio para a tireóide e laxante. Não via a hora de chegar o dia seguinte.

AS DONZELAS DESCOBREM QUE EU EXISTO

No dia seguinte, acordei ansioso para iniciar o "tratamento" com aquela fórmula milagrosa. Enfim iria poder sentir "nojo" do *chantilly*, igual o meu irmão. E foi isso o que aconteceu. A fome desaparecia uma hora antes do almoço. No seu lugar surgia uma energia desconhecida por mim até então. Eu era capaz de ler três livros ao mesmo tempo ou conversar euforicamente sobre qualquer assunto. O almoço e o jantar passaram a ser momentos de tortura. A comida, antes tão tentadora, agora me dava náuseas.

As anfetaminas, como qualquer outra droga — isso eu soube muitos anos depois —, trazem, no começo, apenas benefícios. Antes de causarem todo o mal que elas podem, essas drogas extraem de você todo o seu potencial. Foi assim que aproveitei aquela energia extra para o esporte. Emagreci. Adquiri músculos. Era um sonho que se estava realizando. Apesar de guardar em meu interior a mesma auto-imagem de gordo espinhudo.

Eu morava, aos 17 anos, numa vilinha de casas encravada na base de um morro. Um bairro da periferia oeste da capital paulista. Mudou-se para lá, num dos sobrados dos fundos do conjunto residencial, uma família de remotas origens eslavas. A filha mais nova do casal, a Neusa, devia ter um "D" no lugar do "N" do seu nome. Aos 13 anos, possuía um corpo de precoces protuberâncias. Joelhos roliços, coxas grossas. Cabelos dourados. Olhos verdes faiscantes. Numa periferia quase indígena, anos 60... ninguém acreditava que aquele ser era de carne e osso.

Certo dia, estava eu pensativo no portão de casa. Ela se aproximou e parou na minha frente:

— Bom dia! Você sabe onde eu encontro uma farmácia aqui por perto?

(Silêncio.)

Uns 10 minutos depois, quando meus pulmões ensaiaram uma recuperação e meu coração timidamente recomeçou a bater, pude finalmente responder:

— *Om ia! É em a-í na es-í-na!*

Ela percebeu que eu não conseguia fechar a boca e articular as palavras. Virou-se e saiu. Sorrindo e balançando a cabeça. Não só a cabeça. Acompanhei com os olhos e fechei a boca correndo. Antes que o coração escapasse.

Estou contando isso a vocês apenas para que tenham uma noção do que é a odisséia de um obeso mental. Aquela divindade estética provocou a primeira paixão da minha vida e também uma lição para quem possui auto-imagem fraca. Não sei explicar como, mas eu e a Neusa começamos a freqüentar festas e bailes juntos. Viramos ótimos amigos. Ríamos muito. Ela se divertia com meu jeito autodepreciativo de ser. Dançávamos, conversávamos e eu a levava para casa.

Num outro dia, alguém cujo nome não me recordo passou por nós e nos viu tão animados juntos que arrematou este disparate: "Por que vocês não namoram logo de uma vez?" Imagine! Além de ser algo inatingível para mim, eu jamais poderia aceitar uma garota que topasse namorar com um cara como eu! Era o fim da picada! É bom que se diga que naquele tempo não existia essa história de "ficar". Minha geração não desfrutou essas delícias da modernidade. Ou você namorava, ou nada. Havia, depois, a fase de pegar na mão, avançando até conseguir beijar (no cinema), namorar no portão, namorar em casa (dela, com os pais por perto), noivar e casar.

Para meu espanto, a Neusa me olhou como quem concorda com a pergunta do nosso amigo fugaz: "É mesmo, por que não me pediu em namoro até hoje, seu babaca?" Como, atônito, não respondi nada, ela pegou na minha mão. Pronto, estávamos namorando. Eu pensei: "Essa garota é um fenômeno, mas não deve bater bem da cabeça. Como é que pode gostar de mim? Só pode ter um parafuso a menos." Espantado e atônito de estar namorando a garota mais bonita da vila, eu não percebia que estava magro, musculoso, bronzeado de sol, e com os olhos castanho-esverdeados já quase livres da miríade de acne que os circundava.

Era assim que eu via toda e qualquer moça que demonstrasse interesse por mim. Quando você é gordo na infância, sofre todas as gozações possíveis, e isso macula sua autoimagem para sempre. O pior é que os amigos da infância continuam vendo você da mesma forma que antes. Compartilham, estranhamente, essa "auto-imagem" coletiva. Meu irmão continuava me chamando de "gordalhufo" e os remanescentes das peladas infantis disparavam: "E aí, Geléia, como vai?" Pior: eles também não acreditavam que aquele monumento precoce estava me namorando.

— Como é que pode, Geléia, você enfeitiçou a menina. De que adianta aqueles tremendos olhos verdes se eles não enxergam bem?

Namoramos um ano e dois meses. Até que ela se cansou da minha timidez. Desejava jovens mais ousados, atirados, autoconfiantes. E fiquei só. Ela era para mim, numa adolescência conturbada, não só o amor juvenil, mas o troféu que eu exibia para mim mesmo. Mas se foi. E eu resolvi reagir. Ou seja, assumi de vez que era um lixo e decidi ignorar todas as garotas do mundo. É isso aí. Brincou com um gordo mental, leva chumbo!

A "FÓRMULA MILAGROSA" SE MOSTRA UM VENENO

Formei uma banda de *rock*. Como 90% dos jovens amantes de música que foram ao cinema assistir a *Help* dos Beatles. Aprendi, sozinho, a tocar bateria, guitarra e contrabaixo. Decidi também que queria entrar na universidade. Minha vida passou a ser então o seguinte: anfetamina-calmante-diurético-laxante, música, trabalho (para ajudar a família) e mais os estudos. Continuei provisória e artificialmente magro, mas eliminei o item "mulheres" da minha existência. Tudo para não me lembrar de que ainda era gordo. Na mente e nas entranhas.

Vivíamos uma época de incríveis transformações. Segunda metade dos anos 60. Meu coração dizia que era necessário perseverar em tudo. Rezava, nas missas de domingo, para que Deus não me deixasse cair na tentação das drogas. Participava dos festivais de *rock*, tipo "Woodstock", que naqueles anos começavam a fervilhar dos centros urbanos para as periferias.

— Quer experimentar, bicho? — dizia o cabeludo desconhecido, utilizando-se da gíria da época, ao lançar em minha direção um caprichado embrulho de papel-alumínio.

— Não! Quero ficar careta — respondia eu, sem me aperceber de que estava me drogando há muito. Sim, porque, como vim a saber mais tarde, as anfetaminas são uma espécie de primas próximas da cocaína. E os tranqüilizantes que os médicos receitavam para amenizar o "barato" das mesmas também seguiam fazendo estragos no meu cérebro. Eu só queria ficar magro. Por quanto tempo fosse possível.

Logo depois que completei meu vigésimo primeiro aniversário, meu pai ficou doente. Teve um enfarte, depois um derrame, vindo a falecer de um novo ataque do coração um ano e meio depois. Foi em seguida à minha entrada para a universidade. Precisei trocar de emprego, me dedicar mais para sustentar a casa. A vida começava a se complicar.

Tudo era confuso. Tomava a fórmula "milagrosa" de manhã e à tarde. Trabalhava muito. Praticava esportes. Estudava muito. Mas dois efeitos deletérios das drogas "emagrecedoras" começaram a surgir. Depois do frenesi de pura energia que eu sentia, seguia-se uma forte depressão. Às 5 horas da tarde, minha única vontade era tentar relaxar e me livrar da tristeza inexplicável. Comecei a freqüentar os bares em volta da faculdade. Saía do trabalho e ia direto beber alguma coisa forte capaz de me alegrar um pouco. Eu, que só queria permanecer magro, estava me transformando em um outro tipo de ser humano.

A alma do mundo soprava nos meus ouvidos que o sinal de alerta fora dado. Meu coração me avisava que, afinal, engordar seria o mal menor diante de tudo que estava ocorrendo. Foi preciso que uma inimiga surgisse. Hostil, indelicada, provocadora. Foi me acompanhando impassível ao longo dos anos seguintes. A insônia. Com mil e uma atividades durante o dia. E sem dormir à noite. Era o pior dos mundos.

DESCUBRO UMA ALTERNATIVA "NATURALISTA"

Tentei por diversas vezes me livrar daquelas fórmulas inibidoras do apetite. Só que, para as pessoas que, como eu, têm essa tendência para a obesidade, a primeira coisa que os médicos mal preparados fazem é subtrair o acesso ao prazer. O prazer de comer o que se gosta. A gente vive sob o reinado da privação. Você é privado até do arroz e feijão — que eu adoro.

Qualquer audácia num reles churrasco e você já está sob o espírito do transgressor. Agia como um criminoso, cheio de ardis e culpas, cada vez que me lançava sobre uma sobremesa mais saborosa. Resultado: desenvolvia uma compulsão cada vez mais forte. Estou falando da minha experiência. Depois veremos como é que tudo isso se explica. Apenas meu coração me dizia que eu não queria ser (nem estar) gordo. As mulheres cada vez mais lindas, chamativas, iniciando esse processo de guerra para enfeitiçar e dominar os homens. Sim, porque elas não brincam em serviço. É academia, malhação, cosméticos, plásticas, silicones, modelações. E os gordos olhando para elas da mesma forma que vêem uma suculenta e tentadora torta de maçã: ou seja, platonicamente.

Como eu ia dizendo, tentava me livrar das anfetaminas, mas na ausência delas a compulsão surgia impetuosa. Até que eu descobrisse alguma outra opção menos agressiva ao cérebro, a escolha era me drogar ou engordar. Assim, para permanecer nos meus 77 quilos, adequados para quem mede 1,75 de altura, prejudiquei a saúde geral. Naquela época, eu não pensava em qualidade de vida. Estava focado na qualidade da aparência para sondar o inatingível universo feminino.

Até que, cursando o segundo ano da faculdade, uma outra desvairada resolveu se apaixonar por mim. E eu por ela. Opa! As coisas começavam a melhorar de novo! Mesmo com a oscilação de sentimentos e comportamento causada pela droga, a insônia e as privações alimentares, eu trabalhava numa multinacional. Fui promovido. Minha carreira de executivo ia bem. E arrumava tempo para formar uma banda de música brasileira, lutar caratê, jogar futebol, estudar muito e... namorar! A doce Helena, minha paixão universitária, mesmo sendo linda e inteligente, jamais se deu conta de que eu era um caso perdido.

Por fim, descobri que as mulheres deste país, além de guerreiras e feiticeiras, eram também sem juízo. Pois muitas delas resolveram dar em cima de mim. Eu não conseguia convencê-las de que era feio, sem graça e mentalmente gordo. Na empresa onde eu trabalhava, na universidade, no bairro, enfim, em todos os lugares havia as que se confessavam atraídas por mim. Solteiro, 28 anos, ocupando uma boa posição numa multinacional, culto, esportista, corpo bem torneado (eu parecia um anúncio erótico de jornal)... bem, eu começava a achar que elas tinham motivo para se engraçar. Já que não podia mesmo comer coisas gostosas à mesa, eu o faria na cama. À Helena coube apenas me ver partir nessa direção. Só que, quando pretendia iniciar para valer a minha carreira de "garanhão", cravei meus olhos numa deusa loira, em plena praia de Ubatuba. Minha carreira estava precocemente encerrada.

Onze anos mais nova que eu, a doce criatura, ainda adolescente, e apelidada pelos meus invejosos amigos de "*miss Brasil*", tornou-se, um ano e meio depois, minha esposa. Mais que isso, Sandra Marina transformou-se numa companheira disposta a carregar a cruz que, mais tarde ela veio a saber, era eu. Entrou para a nossa banda de música popular. Era uma cantora nata e não sabia. E pegou para si o desafio de me ajudar a buscar alternativas que me livrassem das anfetaminas e do álcool. Este, àquela altura, já era meu companheiro de todas as noites.

Larguei a multinacional. Aliás, fui largado. A diretoria queria que eu demitisse 30% da minha equipe. Dei uma de valente e falei: "Se for para demitir alguém aqui, que seja eu!" E foi assim que me despedi da Gessy Lever para sempre. Resolvi dar aulas de História no cursinho Objetivo. Detestei a experiência. E fui, então, levado pelas mãos da querida amiga Sônia Duailibi para trabalhar como jornalista no *Estadão*. Adorei. Não só pelo trabalho fascinante que é escrever a história do país e do mundo diariamente, mas também porque jornalista adora ir para o boteco depois do expediente.

Sandra dava aulas de educação artística e, como eu, trabalhava só cinco horas por dia. Abandonamos temporariamente a música e decidimos aproveitar o tempo restante para procurar a saída para o meu problema. Como largar as anfetaminas e continuar magro? Esse dilema povoou minha cabeça por mais de 20 anos. Sem me esquecer que, depois de casado, nas tentativas de me emendar na vida, tinha engordado mais de 25 quilos! Até que descobrimos um médico "naturalista". Ufa! Até que enfim alguém resolveu pesquisar alguma coisa que diminuísse o apetite, mas que fosse feito de ervas, sem qualquer efeito colateral. Minha vida estava salva!

— Nada de ficar ingerindo essas porcarias que causam dependência e afetam o cérebro de forma irremediável — disse ele para meu total regozijo interno. — Aqui está uma fórmula natural que desenvolvi depois de muitos anos de estudo. Vai fazer com que você emagreça sem estragar a saúde.

Obviamente não me recordo dos dizeres da fórmula "natural", mas poderia ser traduzida, na minha memória, da seguinte forma: *fucus misteriosus, enganórius malandrus* e *otárius obesus*. Porque os efeitos que eu sentia ao tomar aquelas drágeas eram exatamente os mesmos de antes, com as anfetaminas. Vim a ler na imprensa, algum tempo depois, que esse tipo de charlatão estava proliferando pelo país. Como as anfetaminas acabaram sendo proibidas pela Organização Mundial da Saúde, começavam a ser receitadas de forma escamoteada, sob rótulos de "coisas naturais".

Minha decepção foi imensa. Estava na estaca zero. Começava a sentir falta também do tranqüilizante que eles associavam aos demais componentes na receita médica. Minha paciente companheira — não só porque me amava, mas também para não ter de passar anos e anos ao lado de um "tribufu" — me incentivava a não desanimar.

QUASE ME AFOGO
NUMA BACIA D'ÁGUA

Eu estava desencantado com os médicos. Minha mulher sabia disso. Então, enquanto cuidava de sua própria vida, coitada, gastava longas horas pesquisando em revistas, jornais e livros as saídas possíveis.

Certo dia, ela se vira para mim e diz:

— Você vai praticar yoga.

Olhei para o teto. O teto olhou para mim. Essa não! Ficar sentadc em posição de lótus, respirando, respirando. Logo eu, que não parava quieto um segundo.

— Por isso mesmo — arrematou ela, sem me deixar a menor esperança de escapar.

E lá fui eu. Não acertava uma posição. As aulas eram de manhã e, por causa da ressaca e da falta dos meus comprimidos de "emagrecimento", ficava bastante desengonçado. O pessoal da sala ria muito de mim enquanto a professora, com seu ar indiano, perdia a placidez e me aplicava uma bronca.

Desisti. Estava inquieto. Era preciso buscar outra solução. Comecei a engordar de novo. Voltei para as anfetaminas. Agora eu já sabia os nomes das drogas de cor. Só aceitava médico que me receitasse o inibidor de apetite junto com Lorazepan. E meu organismo se acostumou a conviver bem com tudo isso mais o álcool. Meu nível de tolerância às drogas era altíssimo.

Chego em casa e vejo a Sandra folheando mais livros e revistas. "Ih, lá vem", pensei com meus botões. E veio:

— Você vai praticar a biopsicoenergética.

— Bio o quê?

— Biopsicoenergética. É uma nova forma de cuidar da saúde física e mental. Foi inventada por um argentino. É o maior sucesso. Diz que a pessoa emagrece e descobre seu verdadeiro "eu".

Lá fui eu. Descobrir o "eu" que não era mais eu. Porque não estava entendendo mais nada. Aos trinta e poucos anos ainda estava engatinhando no jornalismo, desistira da música e abandonara de vez a carreira executiva. O medo da obesidade, sempre latente, me jogava nos braços das experiências mais inusitadas.

Havia exercícios com música na biopsicoenergética. Tudo escuro. O som começava a rolar no aparelho e a gente tinha que rolar numa esteira. Depois nos ensinavam técnicas de respiração. Uma delas pra se fazer em casa. Era assim: você pegava uma bacia, enchia de água morna e sapecava sal grosso. Depois, enfiava sua cara lá dentro e sugava com força. Era como mergulhar no mar e tentar respirar com força lá dentro da onda. O nariz (e o cérebro) se enchia de água salgada. Que tentava depois sair por onde fosse possível. Duas horas mais tarde você ainda ficava com o nariz respingando salmoura.

— Amor — disse eu docemente —, sou a única pessoa deste mundo que quase morre afogado numa bacia d'água e não está resolvendo. Meu apetite continua enorme, estou nervoso, ansioso. Não mudou nada!

— Não faz mal. Descobri uma saída maravilhosa. Você vai jejuar. Cinco dias só tomando água.

DESCUBRO O VALOR DOS ALIMENTOS, APESAR DO OVO COM ESPINAFRE

Não me lembro quantos dias agüentei o jejum. Agora tinha de suportar sem os comprimidos, sem o álcool, sem sexo e sem comida. Mas, por incrível que pareça, o pior foi antes do jejum. Sandra havia lido que seria necessário desintoxicar o organismo para enfrentar bem o período de abstinência alimentar total. Então, dá-lhe arroz integral três dias seguidos. Por mais que você goste de arroz integral, experimente comer só isso durante 72 horas em intervalos regulares. "Mas agora vou emagrecer sem drogas", pensei, me iludindo como sempre.

Depois do terceiro dia de jejum à base de água, a fome desaparece. E com ela se vai, no meu caso, também a vontade de viver. Eu queria morrer. Dor de cabeça, náuseas, mal-estar geral. Resolvi não ir até o fim. Mesmo porque li durante o "tratamento" que o organismo, depois do jejum, absorve muito mais dos nutrientes. Portanto, o que se emagrece na abstinência, recupera-se depois com juros e correção. Na segunda parte deste livro, o Dr. Halpern explica isso direito.

Estamos na primeira metade dos anos 80. Comer "comida natural" é moda. Então, aproveitamos o ensejo do arroz integral e decidimos aderir à moda. Como se todas as comidas não fossem naturais. Mas a regra era só o arroz com casca e tudo, grão-de-bico, ervilha, lentilha, muita verdura, trigo integral etc. De preferência, que tudo mais o etc. fossem sem qualquer aditivo nem agrotóxicos. O bom, no final das contas, foi que adquiri o gosto pelos vegetais. Aqueles que antes, por causa das dietas absurdamente restritivas, eu abominava. Aprendi mais sobre o valor dos alimentos.

Só o principal não estava resolvido. Não me livrei da vontade de tomar os comprimidos, continuei bebendo rotineiramente e, pior, o apetite continuava lá em cima. Prossegui engordando. Era hora de voltar para as anfetaminas antes que fosse tarde. E estava ficando tarde em relação a tudo.

Mas, espera aí. Talvez existisse alguma outra alternativa antes de retroceder de uma vez. Sim, a "dieta dos 13 dias". Por que não? Uma aventura a mais, uma a menos. Eu, minha mulher, o irmão dela, e minha cunhada, nossos amigos mais do que parentes, viajamos juntos nessa empreitada. Duas semanas "desfrutando" de um cardápio muito louco. Num dia, você só pode saborear uvas italianas. É aquela verde, de tamanho maior que o normal. Uma delícia. Mas no fim do dia você passa a detestar a fruta. A vez seguinte são 24 horas só de peixe. No outro dia apenas salada com cenoura. E assim por diante. Até que chega a vez do ovo com espinafre. Santo Deus! Naquele fatídico dia você só tem acesso a um ovo cozido em cada refeição, compensado com toneladas de espinafre também cozido. É uma fartura... de desespero!

O mais incrível dessa "dieta" extravagante — baseada em critérios científicos que nem posso imaginar — é que no sétimo dia você pode comer o que quiser e à vontade.

Acontece que você passa a semana sonhando com o bolo cremoso, a feijoada, o churrasco, e quando chega o domingo, você só pensa numa coisa: suicídio. Não tem gosto nem vontade para mais nada. E o pior é que tudo vai-se reiniciar por mais uma semana. Com ovo e espinafre no meio.

Como eu queria ter nascido magro, permanecido magro e morrido magro. O quê? Não morri ainda? Então vamos continuar.

O SUCESSO ME FAZ MAL. SOU INTERNADO ÀS PRESSAS!

Durante os anos 80, nasceram meus dois filhos. Leon e Isis. Dois motivos mais fortes ainda para eu querer emagrecer. Cuidar da saúde.

Quando somos solteiros, pensamos em curtir a vida. Depois de casados, a meta é curtir a vida com a companheira ou companheiro. Aí vêm os filhos e você só pensa numa coisa: arranjar 14 empregos e 5 bicos. Foi mais ou menos o que eu fiz.

Enquanto continuava minha batalha para não voltar a engordar, tratei da minha carreira de jornalista. Dentro e fora do jornal. Fui promovido no *Estadão*. O dono da empresa — em pessoa — me convidou para escrever um livro sobre o pensamento liberal. Era um passo inicial para o possível desenvolvimento de uma editora do grupo. Paralelamente, meu escritório de assessoria de comunicação ia de vento em popa. Eu ficava uma parte do dia no meu estabelecimento particular e a outra parte, mais à noite, no *Estadão*.

O livro, com o título de *A façanha da liberdade*, me obrigou a viajar muito. Entrevistei personalidades internacionais, tais como o peruano Mário Vargas Llosa, o mexicano Octavio Paz e o francês Henry Lepage. Tudo isso enquanto tentava comandar minha equipe, no escritório, atendendo contas de organizações de todos os portes que desejavam melhorar sua comunicação com o mercado.

Um dos resultados de tudo isso é que comecei a engordar novamente. Quando dei por mim, estava com 115 quilos! Logo eu, que não tinha coragem sequer de olhar para as fotos do meu casamento. Ali eu me achava extremamente obeso. Com um peso de 96 quilos. Era o fim do mundo. Intensifiquei o uso das anfetaminas. E, para complicar mais as coisas, bebia também muito mais. Entrei num vórtice sem fim.

O lançamento do livro do *Estadão* me obrigava a dar entrevistas para a imprensa. Sessão de autógrafos. Encontro com intelectuais. Não sei como é que meu fígado e meu cérebro agüentavam. Só sei que eu seguia em frente e — talvez — ninguém percebia que eu estava um caco. Apenas uma vez me vi mesmo em maus lençóis. Fui chamado de surpresa para participar do programa do Fausto Silva. Era o *Perdidos na noite*, levado ao ar pela Rede Bandeirantes. Não tive tempo de me recompor do coquetel de anfetaminas com álcool. Entrei no palco sem saber nem onde estava. O Faustão falou, falou, fez algumas gozações, e eu sussurrei qualquer coisa. As luzes, a barulheira do auditório, a música ao vivo, tudo me parecia um quadro surreal num sonho confuso. Depois, assistindo ao videoteipe, percebi que não me comprometi.

Estava muito intoxicado. Pesando 115 quilos, minha pressão sangüínea batia lá nos 20 x 14. Já não dormia direito. Acordava no meio da noite para beber. De manhã ingeria dois comprimidos fortes de Lorax. Meu desespero ficava embutido. E como um zumbi rechonchudo, eu seguia para o trabalho. Agora não mais no *Estadão*. Tinha sido demitido. Restou tocar meu escritório. Os funcionários percebiam que algo não estava bem comigo. Começamos a perder clientes. Já não conseguia pagar as prestações do apartamento. Eu agora era não só um gordo. Era um gordo que afundava.

Sandra, minha mulher, estava atônita. Perdida, começou a procurar ajuda onde pudesse. Até que encontramos o Dr. Jorge César Gomes de Figueiredo. Um anjo que me salvou a vida e que depois se tornou um grande amigo nosso.

— Ele precisa ser internado urgentemente — afirmou Dr. Jorge para uma Sandra apavorada.

— Mas, doutor, temos que pagar o apartamento, tem a empresa, os funcionários...

— Ou interna e desintoxica, ou ele morre.

A sentença estava decretada. Desabei em prantos, em plena cozinha, quando ela me deu a notícia. Sentia-me humilhado, fracassado. Eu, que só queria emagrecer, chegava ao fundo do poço. Na confusão mental que acompanha o nível de intoxicação em que eu me encontrava, só havia uma saída. "Vou me matar, mas não me entrego." Entre um dia e uma noite, bebi quase duas garrafas de rum, tomei uma cartela inteira de Lorax e uns 10 comprimidos de um hipnótico indutor do sono. Acredite se quiser, dormi apenas quatro horas. E fui levado de manhã para a clínica Vitória, de propriedade do Dr. Jorge.

Ali, o dependente químico é tratado sem drogas. Você começa com as síndromes de abstinência umas seis horas depois que entra. Eles lhe dão uns placebos para enganar e deixam você colocar tudo para fora do único jeito que é possível. Ou seja, na raça. Eu pesava 116 quilos, mas eliminei uns quatro só nos três primeiros dias. Dias esses em que não dormi nem um segundo. Só transpirava, andava e tinha alucinações. É uma sensação de pânico indescritível. Meu organismo, acho, não decidia qual das drogas mais desejava: as anfetaminas, os tranqüilizantes ou o álcool.

O processo deveria durar de 21 a 40 dias. Eu ali internado. Mas minha mulher, lá fora, estava muito preocupada. Íamos perder o imóvel, a empresa, tudo... Então, o Dr. Jorge percebeu que eu entendera com perfeição todo o quadro. Em 15 dias, eu estava desintoxicado e conscientizado. Principalmente com o fato inexorável, assustador e extremamente desafiante: nunca mais poderia colocar dentro do meu corpo qualquer substância psicotrópica. O que quer dizer, qualquer produto químico que implique alterações no cérebro. Nunca mais é um tempo muito longo. O melhor era pegar para mim a estratégia dos Alcoólicos Anônimos e afirmar: "Só hoje, apenas por hoje, vou me abster de toda e qualquer droga."

Enquanto eu andava de um lado para o outro esperando minha alta antecipada, pensava o quanto estava determinado a recuperar tudo o que perdera nesse tempo todo. Retomar minha carreira, reconquistar minha desgastada esposa, reedificar o relacionamento com meus pequenos filhos, e daí por diante. Mas uma dúvida feroz corroía as entranhas: como fazer para emagrecer, e continuar magro, daqui em diante? Como vai ficar meu apetite? Como vou me controlar, se não aprendi nada de educação alimentar? O que será de mim?

EMAGREÇO 9 QUILOS EM 15 DIAS, NUM SPA!

— Tragam já o meu meio tomate! Não quero nem saber, tenho direito a mais meio tomate esta noite! Podem providenciar!

Eu estava agora internado num *spa*. O mais radical do Brasil. Onde você só pode ingerir 250 calorias por dia. Eu acabara de entrar no quarto onde uma pessoa reclamava ao telefone com a direção do estabelecimento. Uma pessoa, não. Minto. Três. Três em uma. Um homem de 315 quilos estava reclamando que lhe negaram meio tomate antes de dormir. Como eu era jornalista, eles me colocaram no quarto junto da pessoa mais gorda do Brasil até aquele momento. Talvez na esperança de que eu não só emagrecesse como também fizesse uma reportagem a respeito. Era uma visão estonteante. Aqueles 300 quilos que eu disse no começo que eliminei ao longo da vida, estavam numa única pessoa ali na minha frente.

Eu havia ido parar ali em função do desespero que continuava depois do processo de desintoxicação. Saí da clínica Vitória e iniciei uma luta comigo mesmo. Nunca mais encostei num copo de álcool ou em qualquer comprimido capaz de provocar dependência química. Mas o apetite estava indomável. Como eu já esperava, engordei. Estava agora pesando 140 quilos! Fechei a empresa. Fui trabalhar sozinho em casa. Vendemos o apartamento. Voltamos para o aluguel. Minha mulher sofria interferências de terceiros, como sempre, e incrementava loucuras ao meu manancial de dissabores.

Quando vimos que não conseguiria mesmo me reeducar na alimentação, fiz um acordo com o *spa* de Sorocaba e ali fiquei 15 dias. O que eles chamavam de café da manhã se resumia a meia torradinha com ricota. O almoço consistia em uma xícara (de café) de arroz, outra xícara (de café) de suflê de frango e meio pires de verdura. Ou algo parecido. O resultado foi que emagreci 9 quilos durante essa internação. O problema é que eu, que nem ligo muito para carne vermelha, passei a sonhar com um grande e grosso bife na chapa. A carne sorria para mim, vermelha, luzidia, tenra, apetitosa...

Quando você passa por um período de restrição assim, depois quer descontar tudo. Só sei que minha mulher foi me buscar de carro com meus filhos e, dali, fomos os quatro ao primeiro restaurante que surgiu na estrada. Claro que não consegui comer muito. Mas deu para perceber que o apetite estava intacto.

TROCO 30 QUILOS POR UMA GASTRITE. E SOFRO!

A internação no *spa* aconteceu apenas um ano depois do meu período de recesso desintoxicante na clínica Vitória. A Sandra já estava ficando cheia. Principalmente quando percebeu que tanto sacrifício estava sendo em vão. Voltei para casa e recomecei, ainda que lentamente, a engordar de novo. Passei a ser visto como um caso sem solução. Até que ela decidiu que iria me deixar. Olhei pra ela. Continuava linda. Mãe dedicada. Esposa paciente. Mas o mundo lá fora funcionava como grande tentação para se livrar dessa peregrinação infrutífera que era minha vida. Nossa situação financeira era caótica. Olhei pra ela. Não acreditava que me dizia aquilo. Meu coração logo tratou de me informar que as dores que senti ao me livrar do álcool e das drogas, o drama de reconstruir a vida e as agruras do emagrecimento forçado eram ainda muito pequenas. Quando o mundo cai de uma vez, na perda principal, é bem pior.

Tomei a decisão de lutar. Afinal, era isso que eu vinha fazendo o tempo todo. Era só mais um grande esforço no meio de tudo. Pedi a ela para adiar a decisão. Fiz chantagem emocional. Espera eu me reequilibrar um pouco. Ela que fosse depois, caso ainda estivesse mesmo decidida.

Comecei a procurar novos clientes para a empresa quase falida. Estudei novos nichos, novas possibilidades. Entrei para uma academia de ginástica. Estava pesando 129 quilos. Era longo o caminho a percorrer. Acreditava piamente que demonstrando meu esforço e apresentando resultados, iria reconquistar minha mulher. A admiração que ela um dia nutrira por mim, e que sumiu na medida em que fiquei nutrido demais, haveria de voltar. O amor se alimenta, também, da admiração, como bem diz o psiquiatra Flávio Gikovate.

Não tomava mais café da manhã. Chegava na academia por volta das 6 horas e dali só saía às 8. Almoçava uma maçã. Trabalhava muito e depois retornava no final da tarde para os exercícios de bicicleta ergométrica e musculação. Meu jantar era constituído de carne de frango ou peixe com salada. Tudo sem óleo.

Depois de 8 meses, eu estava pesando 99 quilos. E gemendo várias horas por dia. Por causa de uma gastrite, intrometida, inconveniente. Logo agora que a força do amor me fez um herói, ela vinha atrapalhar. Comecei a melhorar profissionalmente, estudei muito violão, e estava ficando bonito de novo. Dito e feito, ela desistiu de me deixar.

Salvei a família, mas o dilema continuava. Agora, sem a motivação amorosa e com uma tremenda dor no centro do estômago, como é que seria? Quais os próximos passos? Se eu voltar a engordar o amor dela se esconde de novo e ela me deixa? Caso eu continue a concentrar tanta energia e atenção nesse problema vou acabar não reconstruindo nossa situação econômica?

No fim de mais uma batalha, eu estava atormentado pelas dúvidas. E agora já tinha 40 anos de idade.

UM CAMPEÃO ME ENSINA A EMAGRECER EM SETE DIAS

Um ano depois, o único grande problema da minha vida ia se resumindo mesmo na questão da obesidade. Todo o resto estava sob controle (sempre relativo, é claro). A família se harmonizara novamente. Eu mantive meus negócios particulares enquanto fui ser diretor de comunicação de novos empreendimentos de uma grande consultoria. As coisas se ajeitavam de uma maneira gratificante. Virei consultor de executivos. Ganhei certa fama. Aparecia muito na imprensa. Tornei-me um especialista em mercado de trabalho de profissionais de nível superior. Escrevi meus três primeiros livros. Um deles foi *Tudo o que você precisa saber sobre álcool e drogas*, no qual eu alertava, entre outras coisas, sobre o perigo das anfetaminas. Eu me tornei, então, escritor e conferencista bem-sucedido. Dava entrevistas até na TV. De novo. O sucesso me reencontrou.

Agora mais sóbrio, eu continuei a peregrinação em busca de uma saída mais consistente para o problema da obesidade. Meu peso oscilava entre 113 e 116 quilos. Mas parece que gostamos de nos iludir. Mesmo um jornalista bem informado, consultor etc. etc., entrei na campanha maciça e massiva de *marketing* que se fazia na televisão sobre umas comidinhas milagrosas. Bastavam sete dias mastigando aquelas combinações exóticas e "pimba!" você emagrecia no mínimo quatro quilos. Um campeão mundial no esporte dava seu aval. Ele jurava por todos os santos que aquelas refeições dos sete dias haviam mudado sua vida. Claro que ele era sócio da empresa que comercializava esses alimentos. Óbvio que ele ganhou muito dinheiro. Evidente que eu continuei gordo.

Os alimentos eram até gostosos. Acredito que saudáveis também. E levam ao emagrecimento. Momentâneo. Fictício. É só água que sai do organismo nos primeiros dias e a balança acusa. Depois, você não suporta mais comer aquilo e volta a engordar. Essa é a minha opinião a respeito. De leigo experiente.

Era hora de tentar algo mais eficaz. No leque de opções que eu ainda não enfrentara, constava uma alternativa que — como sempre — prometia sucesso sem esforço. Vamos a ela.

O "DIA DO CARBOIDRATO" NÃO DURA MUITO

Como já informei, tornei-me um escritor e conferencista com certo renome no país. Comecei a ser convidado para falar para empresários e executivos. Editava duas revistas também e colaborava com o *Estadão*. Escrevi mais dois livros. Tinha que cuidar, mais do que nunca, da minha imagem. Vocês sabem, nesses momentos o gordo fica mais apavorado ainda. Começa a acreditar em todas as promessas de um emagrecimento o menos sofrido possível. Não podia aceitar o fato de estar à frente de um auditório, tentando passar credibilidade, mas desfilando uma obesidade desleixada. Era necessário alguma providência. Urgente, como sempre!

Foi assim que, diante de um anúncio muito bem feito, e publicado numa grande revista semanal, me decidi por recorrer a um médico oriental. Ele prometia um afinamento rápido na silhueta. Sem dores. Sem sacrifícios. Bastava tomar semanalmente um líquido vermelho que só ele fabricava. Tinha que ser no consultório dele, depois de uma pesagem para controle. Outra coisa: não se poderia mais comer proteínas e carboidratos num mesmo dia. Pronto. Era só não misturar esses dois elementos, beber um adocicado e misterioso líquido. E comer à vontade! Quer promessa mais tentadora que essa?

Não sei qual era a mágica. Nem imagino o que havia naquele copinho de plástico que eu emborcava duas ou três vezes por semana. Só sei que emagreci 12 quilos. Comendo muito. Havia o "dia do carboidrato". Quase era soterrado por uma montanha de doces. Meus amigos até se assustavam. Só não podia comer guloseimas que contivessem muita proteína.

Depois de 6 meses, não conseguia mais emagrecer. Mesmo seguindo as mesmas regras e bebendo da mágica poção, recomecei a engordar. Assim não dá. É cruel. Estava tão bom me empanturrar de carnes num dia e de massas com doces no outro! O que está acontecendo? Por que não funcionava mais?

Continuei fazendo exercícios físicos e tentando me manter, pelo menos, na casa dos 110 a 113 quilos. Digerir proteínas e carboidratos separadamente se mostrava infrutífero. O médico chinês (ou coreano, sei lá) parece que foi impedido de continuar suas misteriosas atividades. Nunca mais ouvi falar dele. O que será que havia naqueles copinhos de plástico? Provavelmente algum líquido extraído de ervas diuréticas. Parece que todos os charlatães fizeram um complô para retirar a água de dentro dos gordos. As banhas, essas que fiquem lá até que se descubra a verdade que eu perseguia. E eu tinha que continuar tentando.

A METRALHADORA GIRATÓRIA NÃO VENCE O INIMIGO

Tudo estava agora mais serenado em minha vida. Tudo bem no amor, na família, nos negócios. Compramos uma cobertura com piscina na Vila Madalena. O sucesso me sorria. *Mas a obesidade resistia em sua mórbida tentativa de minar tudo outra vez.* Agora não era mais a vaidade ou a preocupação com a saúde que me moviam na direção de um eventual emagrecimento. Era dever de ofício. Como é que eu iria dizer a um executivo que ele, uma vez que ostentasse peso muito acima do normal, teria dificuldades na profissão? Eu precisava dar o exemplo. Depois de 30 anos de luta, a luta estava ainda começando.

Foi quando, então, resolvi tentar tudo. TUDO MESMO!

Comecei por um médico homeopata "ortodoxo". É o chamado unicista. Daqueles que lhe receitam um só remédio, em dose única. É o "remédio de fundo". Que um amigo meu apelidou de "remédio defunto" porque depois dele você não pode mais tomar nada. Nem uma aspirina. Por mais que sua dor de cabeça ou de garganta o esteja mortificando.

Ele havia me ajudado a combater a gastrite. Quase sem sucesso. Na verdade fui salvo das horríveis dores gástricas graças a um pó feito à base de batatas inventado por um massagista japonês. Não me pergunte mais nada a respeito. É só o que eu sei. Que me livrou de uma operação de estômago já quase marcada por outro médico. Bem, voltei ao homeopata radical. Que me receitou outro remédio "defunto", digo, de fundo, e me orientou sobre o processo alimentar:

— Você vai se alimentar como as galinhas, daqui para a frente...

— Como? Desculpa, doutor, não entendi...

— Você vai ciscar o dia inteiro. Nada de ficar comendo apenas três vezes por dia. Isso é uma invenção forçada da sociedade. A galinha caipira é que sabe das coisas. Então, você vai comer só arroz integral, peixes, legumes, verduras e frutas. De três em três horas. Marcadas no relógio. E não vai poder tomar nenhum tipo de líquido uma hora antes e uma hora depois de cada refeição.

Ok. Tudo muito simples, pensei. Acordo às 6 horas, não bebo nada. Espero até as 7 para comer dentro do cardápio. A partir das 8 já posso beber água (até que enfim!), mas devo me lembrar que das 9 em diante nada de líquidos. Às 10 horas como de novo e, a partir das 11, volto a poder matar minha sede. Isso até as 12... Antes que eu enlouquecesse só de fazer cálculos e me assustar, nem comecei o processo. Aquele médico sabe mesmo como emagrecer uma pessoa. Levando-a à loucura total.

Até que alguém me falou de um médico chinês (outro). Este poderia detectar o problema que me levava a comer demais e a queimar poucas calorias. Bastava que ele olhasse minha língua, minhas unhas e minha íris. Depois ele receitava preparados à base de ervas. De sua própria fabricação, é claro. Lá fui eu.

— *Xeu pobrema é rins e fígado. Xinhô vai tomá ervas, né? Curando esses, xinhô imagrece, né?*

Nem imagino o que pode ter-se verificado com meus rins e fígado. Apenas sei que bebi os preparados e continuei gordo.

Alguém me falou de uma farmacêutica que era uma verdadeira bruxa. Tinha conseguido criar uma fórmula que era tiro e queda para a obesidade. Seu estabelecimento ficava no bairro da Pompéia. Fui conversar com ela. Agora eu estaria salvo. Bastava ela me convencer. Como jornalista, acho que a assustei. Ela não quis me receber. Dias depois, leio no jornal que a farmácia da bruxa fora fechada. Ela vendia anfetaminas com nomes de ervas. Caro leitor, esteja preparado. Os charlatães não desistirão jamais.

Eu continuava escrevendo, dando palestras e atendendo executivos. E fazendo piadas sobre a minha própria gordura. O gordo tenta disfarçar sendo engraçado. "Gordo não passa por tomografia computadorizada, mas sim mapeamento por satélite", "gordo põe o cinto na calça com a ajuda de um bumerangue"... e por aí vai. Eles riam, mas por dentro eu sabia que teria de continuar buscando ajuda.

Não pensem que não houve nessa trajetória todas as tentativas espirituais. Foram centros espíritas, rezas, simpatias (quem já não fez a do arroz?), promessas etc. Só que no final você percebe que se trata de uma doença que depende da ciência, da medicina. Bem, então, que tal injeções de enzimas?

MINHA BARRIGA VIRA UMA PENEIRA. (QUASE) EMAGREÇO.

Você pode não acreditar, mas a Sandra me acompanhava em todas essas aventuras. As mulheres sabem que exercem sobre nós um fascínio visual completo. E não querem bobear. Só que quando estão no ponto que nós, verdadeiros homens viris, desejamos, elas correm para um tratamento qualquer de emagrecimento. Eu sempre disse para os amigos, brincando, que se você deseja ver mulheres muito gostosas, é só freqüentar o consultório de um bom endocrinologista. Quando estão ficando boazudas, dizem que estão "enormes". Como comentou certa vez o Jô Soares, toda mulher bonita que ele conhece afirma estar precisando perder uns 3 quilos. É verdade.

Ela tomou, comigo, de um pó que era vendido numa espécie de "corrente da amizade". Fez muito sucesso no Brasil e vendeu muito. Havia até pessoas com carros tipo Brasília ostentando um adesivo "Emagreça já. Ligue para mim" etc., levando a bordo frascos daquele pó. Se o sujeito conseguisse um número determinado de clientes, era promovido na corrente. Trata-se da velha fórmula do líquido que substitui uma refeição. Eu e minha mulher aderimos a quase todos os que são anunciados na TV. Para ela funcionava sempre.

Emagrecia os 3 a 5 quilos de que precisava. Eu continuava gordo.

Bem, mais uma vez influenciados pela propaganda, fomos a uma clínica de estética que aplicava injeções de enzimas. Infalível, dizia o anúncio. Assim, foram três meses de visitas semanais para levar espetadas na barriga. Eu já me sentia uma peneira ambulante. Mas estava emagrecendo. Junto com as aplicações de enzimas, eles forneciam umas cápsulas cuja fórmula não me lembro. Dentro havia uma substância que provocava certo amortecimento no estômago. É como se anestesiasse a região. E a fome diminuía.

Novamente emagreci uns 10 a 12 quilos e parou por aí. Por mais que eu insistisse, gastasse dinheiro, fosse perfurado, a balança teimava em segurar o ponteiro lá em cima. Meu peso oscilava entre os 113 e 115.

MINHA BARRIGA QUASE PEGA FOGO!

A Sandra simpatiza temporariamente com o budismo. Talvez valesse a pena tentar fugir desse consumismo desenfreado da vida ocidental. Lá fomos nós conhecer mais um dos especialistas de olhinhos puxados.

— A saída para você está na macrobiótica — disse o chinês avançado em anos.

Comprei livros. Estudei. Segui os conselhos. Só arroz integral. Verduras e legumes. Evitar a todo custo o tomate e a berinjela. Fruta? Somente a maçã. Até aí, daria para agüentar por uns tempos. Mas havia um empecilho quase intransponível. Na macrobiótica verdadeira, você só pode beber um copo d'água por dia. Ou mais ou menos isso. Experimente, caro leitor! Eu sei, tem gente que consegue. Se não me engano, foi assim que o Gilberto Gil, por exemplo, emagreceu. Para mim que gosto de tomar água o dia inteiro, era sacrifício demais.

Mas não desistimos do Oriente. Descobrimos um templo budista com raízes no Tibete. Haveria alguém lá capaz de nos ajudar?

— Na semana que vem receberemos a visita de um médico tibetano. Vocês podem marcar a consulta.

Oba! Dessa vez vai. Esse homem não pode estar vindo à toa lá do outro lado do mundo. Segredos serão revelados. Adeus, obesidade. Consulta marcada.

Ele só falava inglês. Tentamos nos comunicar, ajudados também por uma tradutora. Ele me mostrou umas bolotas que pareciam cocô de cabrito. Era só ingerir aquilo nos horários determinados. Aproveitou para tratar do meu joelho direito que não parava de doer. Um joelho já fatigado de carregar os 115 quilos para cima e para baixo. O tibetano colocou uns pequenos aparelhos no joelho e ateou fogo. O calor cura, dizia ele em inglês. Mandou-me deitar. Logo vi minha barriga em chamas. Outra vez tive olhos, língua e pulso examinados. Se houvesse algum erro e aquele pequeno fogo se espalhasse pela minha barriga, seria um incêndio daqueles. Eu brincava, a tradutora ria e o tibetano franzia o cenho.

Resumo da história: meu joelho sarou. Mas continuei gordo. As bolotas eram ineficazes, pelo menos no meu caso. A fome era imensa. Tinha que fazer muitos exercícios físicos para manter o peso sob controle. Nada mudou.

ATKINS ME LEVA DE VOLTA AO CHANTILLY

O escritor Erico Verissimo aconselhava, em *O tempo e o vento*, para que não olhássemos demais para a folhinha na parede nem para o relógio. Eles são muito exibidos e sabotam a nossa felicidade ao nos apertar contra o tempo. Só que eu já passava dos 45 anos e vivia uma guerra na qual perdera todas as batalhas. Não todas. Havia ainda as que estavam por vir. E poderia ser que apenas uma delas me daria a vitória total. Perseverança é a chave.

Determinado assim, eu não poderia desprezar sequer as tentativas de coisas polêmicas. Espera aí, eu ainda não havia tentado a "dieta do Dr. Atkins". Sei de gente que emagreceu 7 ou 8 quilos em apenas um mês. Que é que estou esperando? Agora que minha redonda pança se livrara dos buracos feitos pelas agulhas e do incêndio, ela poderia diminuir regozijando-se com os churrascos tão cobiçados.

Comprei o livro e estudei com carinho. Acho que o leitor conhece. Trata-se daquela proposta na qual ficam banidos quase totalmente os carboidratos. Proteína e gordura à vontade. Isso incluía... Meu Deus... isso colocava no meu prato, diante de mim, sem culpas ou remorsos... Meu Deus... nem acredito, que saudade, há quanto tempo?
— o *chantilly*! Meu companheiro da infância voltava para

mim. Poderia saboreá-lo, com adoçante, a qualquer momento, sem que me sentisse um criminoso com a arma do crime nas mãos.

Foram 30 dias de "festa". Ovos com *bacon* e *chantilly* de manhã. Carnes à vontade no almoço e no jantar. Tudo acompanhado dos queijos mais saborosos. Apenas uma coisa me incomodava. Um sentimento de fraqueza geral. Eu quase me arrastava pela vida. Não conseguia mais fazer exercícios físicos. Pensei que isso fosse durar no máximo uma semana. Depois o corpo se acostuma. Mas, que nada. No fim dos 30 dias, eu continuava rastejante e — pior de tudo — havia emagrecido apenas e tão-somente um único e solitário quilo.

Não tive sequer coragem de fazer exames de sangue. Depois daquela orgia protéica, fiquei temeroso de que colesterol, ácido úrico e sei lá mais o quê estivessem fora do controle. A mim bastava saber que não emagrecia conforme o esperado. E que também não me sentia bem. Não foi essa a batalha que mudou os rumos da minha vida. Talvez fosse aquela outra que eu estava paquerando e evitando há muito tempo. Uma guinada definitiva mesmo em favor do Ocidente. Se as respostas não estavam na China, no Japão, na Coréia ou no Tibete, assestamos nossas baterias na direção dos Estados Unidos. Era de lá que vinha a minha salvação. Uma saída clássica e bem recomendada. Vamos a ela.

NÃO CONSIGO SER UM VIGIA DE MIM MESMO

Minha mulher estava deitada ao meu lado na cama. Ela dormia o sono dos exaustos. Meus filhos estavam em seus quartos. Eu olhava para o teto. Pensava na vida. Estava com 47 anos. Era vice-presidente de um grande grupo de recursos humanos, mas estava descontente. Queria reativar o meu negócio próprio de novo. Nossas reservas financeiras haviam ido embora. Logo depois de comprar o apartamento de cobertura, descobrimos que era uma arapuca. Estava cheio de defeitos estruturais. Gastamos nosso dinheiro e tivemos até de pedir emprestado para refazer o imóvel. A construtora foi inescrupulosa e irresponsável. Gastamos mais dinheiro com advogados. Às vezes a vida nos surpreende. Você pensa que está vivendo seus melhores momentos e... basta um erro.

Eu tentava entender o emaranhado em que me encontrava de novo. Preocupava-me também o fato de que tudo isso me fizera engordar para mais de 120 quilos. Nesse momento decidi que iria procurar a entidade chamada Vigilantes do Peso. Eu já havia feito, no passado, uma rápida incursão numa das reuniões dos VP, mas me assustei e fui embora. Esse negócio de ficar pesando os alimentos não era para mim. A alimentação contada em gramas.

Só que agora não era só eu que vivia o problema. Com os transtornos da reforma do apartamento, minha família toda engordou. Fomos os quatro participar da primeira reunião, perto de casa. E gostamos. Saímos de lá decididos a um ajudar o outro e todos me ajudarem. Passei a estudar a filosofia dos Vigilantes do Peso, entidade sem fins lucrativos que nasceu em solo norte-americano e veio se instalar no Brasil há mais de 20 anos.

Durante 1997, consegui emagrecer 20 quilos. Acostumei-me à balancinha que se torna dispensável depois que você se habitua com as medidas dos alimentos. Hoje parece que eles se utilizam de um sistema de cores e não mais de pesagem da comida. Mas na época era assim, e eu e minha família nos adaptamos bem. Foi a primeira vez na vida que emagreci comendo adequadamente. Eles realmente nos ensinam a comer de forma balanceada e com um conceito nutritivo. Além disso, as reuniões nos fortalecem. São uma injeção de ânimo para retomar a semana seguinte.

Logo meus filhos e minha mulher estavam com seus pesos normalizados. Começaram a faltar às reuniões semanais. Eu também, por motivo de viagens e de agenda cheia. Fomos esmorecendo. Eu precisava eliminar mais uns 20 quilos, mas, ao invés disso, voltava a engordar. Tentei retornar e participar das reuniões, retomei as leituras, fiz um esforço enorme para recuperar o entusiasmo inicial. Foi tudo em vão. Logo a balança me informava que eu estava na faixa dos 118 quilos.

Voltei aos Vigilantes do Peso, nos anos seguintes, pelo menos 15 VEZES! Não estou brincando não. Reabria minha ficha, pagava a inscrição, participava das reuniões, mas não conseguia seguir o programa. A impressão que me fica hoje, passado o tempo, é que o sistema dos VP resolve quando você consegue não fazer qualquer interrupção. É como uma corrida em que você só vai até o fim se não parar no meio para descansar. Na retomada, jamais atingirá o mesmo pique inicial. Além disso, é uma dependência para o resto da vida. A programação alimentar é, acredito, bastante adequada, mas também cheia de restrições. Torna-se impossível cumpri-la sem o apoio semanal dos companheiros e sem a balança que funciona como um juiz. Se você emagreceu, aplausos. Engordou? O pessoal lhe dá uns tapinhas de consolo nas costas.

Infelizmente ainda não era a saída que eu tanto buscava. Cheguei ao ano 2000 pesando 124 quilos. Depois de uma luta insana. Aos 50 anos, com a vida novamente cheia de desafios a serem vencidos em todos os campos, tomei a decisão que deveria ter sido abraçada desde o começo. Como é que um jornalista não havia pensado nisso antes?

CHEGO AO MAIOR CENTRO DE PESQUISAS MÉDICAS DA AMÉRICA LATINA

Confesso que o entusiasmo, seguido de desencanto, com os Vigilantes do Peso quase me desanimou completamente. Tentei ainda freqüentar os concorrentes dos VP, tais como o Peso Ideal e a Meta Real. Tudo na esperança de que com algumas modificações, eu emagreceria de forma programada. Qual o quê. Era tudo em vão. A depressão, velha companheira que se enfiava sempre entre mim e meus sonhos, ameaçava ficar comigo para sempre. Quem nunca teve que lutar contra uma doença não pode imaginar como é deprimente cada derrota.

Lancei mais dois livros. No dia 30 de setembro de 1999, saía no mercado *O desafio da liberdade*. A imprensa divulgou com matérias de até meia página. A editora o inscreveu para concorrer a um prêmio nacional. Convites e mais convites para palestras. O sucesso de novo me rondando. Mas, mesmo na noite de autógrafos, todos percebiam que algo estava errado. Não conseguia mais disfarçar minha tristeza. Não tem jeito. Emagrecer é um dos meus sonhos. Poder comprar roupas em qualquer lugar, praticar esportes com desenvoltura. Sentir prazer em me olhar no espelho. E pensar que isso não acontece desde 1985! Há mais de 15 anos não me troco na frente da minha mulher. Sequer deixo que ela me veja tomando banho. Sexo só no escuro. Não é legal. É chato. Atrapalha a vida. Por isso ninguém quer ser gordo.

Comprei livros sobre meditação. Comecei a ler e a praticar. Quem sabe esse mergulho interior em comunhão com o cosmos pode me ajudar? Afirmações positivas, preces, meditação. Só desistir é que não é possível. O fracasso só acontece para quem desiste.

O processo meditativo não fez com que eu emagrecesse diretamente. Cheguei aos 126 quilos. Mas me deu inspiração. Caramba, sou jornalista! Por que nunca pesquisei para valer nessa área? Como eu continuava a contribuir de forma bissexta com matérias especiais para o jornal *O Estado de S. Paulo*, falei com um dos editores, meu amigo, que iria produzir uma matéria seriíssima a respeito da obesidade. Quais as pesquisas em andamento? O que se descobriu até agora de efetivo? É possível obter sucesso sem operar o estômago? Que medicamentos haviam surgido que não prejudicassem a saúde física e mental dos obesos?

Liguei para o Hospital das Clínicas, o maior centro de pesquisas médicas da América Latina. Queria falar com o médico-chefe do setor de Obesidade. Eu sabia que o HC possuía pesquisadores sérios nessa área. Só que até onde eu sabia, nenhum jornalista havia ainda feito um trabalho profundo a respeito. Nos jornais e revistas eu só me deparava com matérias de comportamento, leves, superficiais, do tipo "a dieta da moda no verão", "a droga X promete acabar com as gorduras" etc. Nada que apontasse os caminhos, desmentisse mitos, e daí por diante.

Quando liguei para o departamento de endócrino do HC fiquei surpreso ao saber que o médico-chefe do setor de Obesidade era o Dr. Alfredo Halpern. Eu o havia visto algumas vezes na televisão. Pensava nele apenas como um "médico dos ricos". Não sei por quê. Talvez pelo fato de ele dar entrevistas para vários programas que passam de madrugada. No programa do Jô Soares ele era apresentado como um grande pesquisador. Mas não sei por quê, eu desconfiava. Muito provavelmente também porque ele é bom de comunicação. A gente, de forma preconceituosa, sempre acha que cientista e aparição pública não vivem bem juntos. É assim que a população não fica a par de nada que acontece de importante. Os cientistas ficam fechados em suas redomas de prestígio acadêmico e nós, desinformados. Há físicos importantes como o Marcelo Gleiser, premiado até nos Estados Unidos, que fazem grande esforço para popularizar a ciência. É o que tenta fazer o Dr. Halpern, em minha opinião, no âmbito da luta contra a obesidade.

Bem, voltando à questão da pesquisa, liguei imediatamente para o consultório do Halpern. Como toda pessoa comunicativa, ele me atendeu prontamente, como faz com todos os jornalistas. Expliquei meu objetivo e ele me recebeu na mesma semana. Gravei a entrevista. Ele me aconselhou então, na seqüência, a visitar o laboratório de Biologia Molecular de Obesidade do HC. Entrevistei a Dra. Sandra Villares, que comanda, junto com ele, aquele ambiente que recende e transpira à pesquisa séria.

O que eu mais ou menos fiquei sabendo então vocês tomarão conhecimento no próximo capítulo. Por ora, basta dizer que no meio da entrevista o Dr. Halpern, ao saber um pouco da minha história não titubeou:

— Vamos fazer um livro juntos? Você conta como foi sua experiência toda de 30 anos lutando contra a obesidade e eu analiso sob a óptica dos meus 30 anos de estudos e práticas clínicas. Depois apontamos as possíveis soluções. Que tal?

— Eu topo desde que o senhor me ajude a emagrecer. Topa?

Ele topou na hora.

CONCLUSÃO

Quando as pessoas menosprezam, ironizam ou subestimam um gordo ou uma gorda, não têm idéia de que estão fazendo gozação com algo que é muito sério. A obesidade, na minha humilde opinião, não é só uma questão de saúde e/ou de estética. Ela afeta a vida da pessoa como um todo. Pelo que vocês leram até aqui, não pode haver dúvidas: *minha vida seria completamente outra se eu não tivesse tanta facilidade para engordar.*

A pessoa que vive muito acima do peso, em nossa sociedade, tem dificuldades para amar, para trabalhar, para se divertir. É quase impossível que a solução desse problema não passe a ocupar lugar central na mente dessa pessoa. Vira o grande foco. Nós, gordos, tentamos disfarçar. Se algum de nós tiver a sorte de haver nascido muito inteligente, pode até compensar sendo um vencedor em outras áreas. Um gordo rico e bem-sucedido é sempre mais poupado nas agruras da existência. Mas a imensa maioria dos obesos têm que carregar a cruz levando ainda a pecha de "sem-vergonha", "fraco", "descontrolado" etc.

Alfredo Halpern (que agora já é meu amigo e parceiro) escreveu a esse respeito. Os magros falam com desdém: "Fecha a boca, é simples assim." Uma vida de privações e de humilhações. Muitos obesos, estou certo disso, saem das festas (quando têm coragem de sair de casa) onde estavam rindo e brincando, para se fecharem num quarto e chorar. Porque 80% das gozações foram a seu respeito. Quando provavelmente ele ou ela já acumula perdas e mais perdas na vida. Empregos, amores, oportunidades, amizades...

Nunca aceitei essa situação. Sou magro de consciência e faço questão de ser assim. Só que o efeito sanfona em minha vida também acarretou problemas enormes. Nunca tive roupas adequadas. Tenho até hoje, em meu guarda-roupa, calças, camisas e ternos muito maiores e muito menores do que o meu tamanho atual. Estão esperando meu próximo formato. Enquanto isso, visto o que mais ou menos me serve. Fico desajeitado, complexado. É um inferno, pode crer.

Mas Alfredo Halpern aceitou o desafio. Ele me deu algumas orientações básicas sobre a alimentação. "Você já sabe quase tudo o que funciona e o que não funciona. É só seguir sua própria experiência", disse ele generosamente, acrescentando na orientação o Balanço de Pontos que o leitor conhecerá na última parte do livro. Afirmou ainda que, no que se refere ao problema da obesidade, cada caso é um caso. Que o médico tem é que "acertar a mão" no diagnóstico, nas orientações e, se for o caso, na medicação.

No meu caso específico, posso afirmar que "acertou a mão". Quando o leitor estiver lendo este livro pode ser que eu já esteja bem mais magro. Ainda é cedo para falar. Mas tudo indica que meu problema era deficiência de serotonina. O que aumentava minha fome, diminuía a saciedade e a "queima" de gorduras. Quando se tem esse problema, fica impossível deixar de comer doces. E, como quase todo doce tem muita gordura, a obesidade é praticamente inevitável.

Além da orientação nutricional, ele me receitou duas novidades para o combate à obesidade: sibutramina e orlistat. O primeiro porque, aumentando o nível de serotonina no hipotálamo (um dos principais distúrbios químicos que me faziam comer demais e queimar gorduras com dificuldade), diminui minha necessidade de comer e acelera a queima de calorias. Já o orlistat porque elimina quase um terço das gorduras ingeridas, me auxiliando não só no emagrecimento como também no controle de colesterol e triglicérides etc. Além de me ajudar no controle alimentar, evitando que eu exagere preventivamente em alimentos muito gordurosos. Estou consciente que esses medicamentos, provavelmente, serão meus companheiros por todo o resto da minha vida. Que eu espero que seja bem longa.

Faz uns três meses que iniciei o tratamento. A Gabi, da Fórmula Academia, em São Paulo, minha mais recente amiga, me recebeu de braços abertos. Estou fazendo exercícios físicos de forma bem orientada, também, sem tanta gordura para atrapalhar. Depois vamos fazer alguns exames de sangue e o Halpern vai acompanhar a evolução. Em 90 dias emagreci 25 quilos! Está fácil. Estou me sentindo muito bem. "Conhecereis a verdade, e esta vos libertará", está escrito na Bíblia. Agora estou em busca da verdade. Algo em mim diz que vou achando o caminho. Com base no conhecimento. O sentimento que vai dentro de mim hoje é o seguinte:

— Desta vez eu emagreço!

SEGUNDA PARTE

AS RESPOSTAS PARA AS DÚVIDAS DE MUITOS

por Alfredo Halpern

INTRODUÇÃO

A história do Claudir Franciatto é a história de muitas pessoas acometidas por esta doença, até certo ponto misteriosa, que se chama obesidade. Trata-se do indivíduo com tendência clara, desde a infância, de acumular gorduras no corpo (provavelmente por uma genética favorável) e que passou por todas as dificuldades que o excesso de peso causa. Mais ainda, caiu em uma infinidade de esparrelas armadas por toda uma indústria de emagrecimento que visa se aproveitar, de uma maneira desonesta, da ingenuidade e da avidez pela perda de peso de milhões de pessoas.

É necessário que haja uma conscientização do que é obesidade e do perigo que ronda as pessoas nessa busca incessante do peso "ideal" (que é uma noção errônea).

Provavelmente, as questões levantadas neste capítulo a respeito desse minado campo da obesidade humana são as mesmas que inúmeros leitores gostariam de me fazer. Que possam, pois, se beneficiar com sua leitura e assim buscar o caminho da qualidade de vida, a razão última dos cuidados com o peso corporal.

No meu livro *Pontos para o gordo*, estampei uma foto de um quadro do acervo do Museu do Prado, na Espanha, em que uma menina obesa aparece bem vestida. No entanto, o nome da pintura é "A monstra vestida". Curiosamente, no começo da primeira parte deste livro, Claudir Franciatto narra que quando criança, ao jogar bola, sentia-se um "monstro" que expelia pedras. Vê-se que o preconceito contra os obesos é antigo e generalizado. E este preconceito "gruda" no obeso. Isso é conseqüência do fato de a sociedade ainda não haver se conscientizado de que a obesidade é doença. E uma doença crônica para a qual ainda não se conhece a cura, assim como no caso da hipertensão arterial, do diabetes e do excesso de gordura no sangue. Pode-se administrar a doença, digamos assim, mas não eliminá-la totalmente. E como toda doença, a obesidade requer conhecimento científico.

A ciência da obesidade é relativamente nova. Só após a descoberta das verdadeiras causas da doença é que teremos condições de acabar com os oportunismos mercantilistas que a rondam e minimizar os preconceitos. Todo preconceito, como se sabe, é filho da ignorância...

PATRIMÔNIO GENÉTICO

A sociedade estigmatiza gordos e gordas simplesmente porque desconhece o problema. Quem tem dificuldade para manter o peso num nível adequado é logo tratado como "sem-vergonha", por lhe faltar, supõe-se, autocontrole, força de vontade e sentido de disciplina. Isso deprime mais o doente, que começa a acreditar que é, de fato, um desequilibrado e passa a comer mais ainda para se consolar das frustrações. Ele não sabe que sofre de doença crônica e, então, fica como o Claudir ficou, à procura de milagres. O resultado é sempre muito esforço em vão: perdem-se, como ele, mais de 300 quilos ao longo da vida para tê-los sempre de volta. Trata-se de um círculo vicioso que acaba com a vida do obeso e enche os bolsos dos oportunistas e vendedores de ilusões.

Há quem diga que basta o gordo "fechar a boca", lembrando-lhe aquela velha piadinha: "Emagreça através de um *spa*, o 'sparadrapo' na boca"... Essa é uma das frases mais infelizes que conheço. É preconceituosa e injusta. É como se o obeso fosse um "ser inferior", incapaz de se controlar quando a maioria o consegue. Dá vontade é de colocar um esparadrapo na boca de quem fala essas bobagens. Porque ser gordo não é conseqüência de uma decisão pessoal. Não se trata de uma escolha. Ou de uma fraqueza. Hoje sabemos que diversas disfunções orgânicas podem estar ocorrendo para que a pessoa tenha a sensação de fome além do normal, ou desconheça a completa saciedade, ou fabrique muita gordura internamente, ou ainda queime menos gordura que o esperado. Falaremos disso mais à frente com maiores detalhes.

A hereditariedade na obesidade é uma questão freqüentemente discutida. No caso de Claudir, tanto seu pai quanto sua mãe sempre tiveram problemas com a balança. Já o irmão nasceu e vai morrer magro. Existe explicação para isso? Adentrando o mundo da ciência da obesidade, podemos afirmar que Claudir não é um acidente; acidente é o seu irmão. Sim, porque quando os pais são gordos, há 80% de probabilidade de os filhos nascerem com essa propensão também. Probabilidade que cai para 50% se apenas um dos pais é obeso e para menos de 10% se ambos são magros. A genética tem uma influência de pelo menos 40% no desencadear da obesidade. Hoje é possível fazer essa afirmativa com segurança, graças a inúmeras pesquisas, tais como as realizadas com os índios Pima, nos Estados Unidos, com gêmeos univitelinos, com a leptina etc. O ambiente no qual o indivíduo vai ser criado tem grande importância para o desenvolvimento da obesidade, mas a genética é determinante. O caso de Claudir é verdadeiramente exemplar. Ele e o irmão foram criados num mesmo ambiente, com pais apresentando tendência à obesidade e, portanto, com uma alimentação provavelmente errada para todos os familiares. No entanto, o irmão não engordou. Teve sorte, pura sorte de escapar do conjunto de genes que determinam a obesidade. Claudir não; em seu caso, gostar tanto de *chantilly* é determinado pela genética. Assim como preferir a gelatina com pouco açúcar, no caso do irmão, também. Não escolhemos os alimentos de que vamos gostar. A genética já fez isso por nós ao nascermos.

Podemos mesmo afirmar que a genética determina o grau de fome que vamos sentir ao longo da vida. E não só isso. O patrimônio genético herdado e as peculiaridades de cada organismo ditam as características individuais em relação ao peso corporal. Vamos enumerar:

1) grau de fome;
2) o que comer;
3) quanto comer;
4) o tempo para voltar a comer;
5) nível de queima de calorias;
6) nível de oxidação das gorduras no organismo;
7) grau de fabricação de gorduras no organismo;
8) tendência natural ou não para a atividade física;
9) aproveitamento dos alimentos.

Veja quão complexa é essa doença! Boa parte dessas características dependem de transmissões químicas no sistema nervoso central, mais precisamente no hipotálamo. O que prova que o gordo é uma vítima do destino. É um doente que carrega, além do sobrepeso, a carga da falta de solidariedade da sociedade em que vive. Ninguém acusa o hipertenso de ser um "fraco" por não conseguir controlar sua pressão arterial. Seria uma insanidade. Mas aponta-se o dedo para o gordo culpando-o (e condenando-o sem direito de defesa) por não se controlar à mesa.

EMAGRECER É PARA QUALQUER UM

Devemos ficar otimistas com os avanços trazidos pela genética e pela biologia molecular no que se refere ao tratamento da obesidade. A cada descoberta, aumenta a possibilidade de identificarmos os diversos genes causadores da propensão para a doença. Como escrevi no meu livro anterior, *Pontos para o gordo*, o conhecimento crescente do mapa dos genes (genoma) humano, assim como os estudos das regiões cromossômicas, sustenta esse otimismo. Em mais alguns anos saberemos o que faz uma pessoa sentir fome exagerada ou saciedade insuficiente, e provoca fraca queima de gorduras no organismo, alta fabricação de gorduras, pouca disposição para o exercício físico, entre outros aspectos que hoje ainda são injustamente atribuídos a uma virtual falta de força de vontade.

Qualquer um pode emagrecer de forma saudável e eficaz, permanecendo num peso razoável, com maior ou menor esforço, sem ter que recorrer a charlatanices. A história de Claudir, por exemplo, representa a tragicomédia clássica do obeso que não se conforma com o excesso de peso. Ao ser chamado de "Geléia" na infância, ele passou pelo crivo do sadismo infantil. Se os adultos são cruéis com os gordos, as crianças então nem se fala. O gordinho fica sempre por último. Ele é o objeto das gozações; é a válvula de escape para as brincadeiras dos demais. Mas, embora a história de vida dos gordos seja parecida, variam os tipos de experiências e sua freqüência, assim como o tipo de tratamento recomendável. Por isso, apesar das semelhanças, é muito importante que fique claro que cada caso é um caso. Único. Individual e intransferível. Qualquer sistema de emagrecimento que se proponha englobar todas as pessoas, sem distinção, é enganador. Seja qual for o "milagre" que esteja prometendo.

As chances de o obeso se deparar com charlatães não são pequenas, embora menores do que antigamente, felizmente. Nos filmes feitos para adolescentes nos Estados Unidos, por exemplo, o idiota da turma é sempre o gordo... Então a criança que é gorda já cresce com uma auto-imagem muito empobrecida, passando a reagir efetivamente como um gordo. Até que chega à puberdade e as coisas se complicam. É aí que entra o charlatão, em geral apresentando fórmulas compostas de inibidores de apetite, com hormônios para a tireóide, diuréticos, calmantes, laxantes etc. Isso é mais que vigarice, é crime. O doente passa a ficar ainda mais doente.

É fundamental que as pessoas fiquem atentas para não caírem nas armadilhas das "fórmulas milagrosas", vendidas à margem do mercado. Porque os medicamentos mais modernos e eficazes estão à disposição nas farmácias, bastando que se leve a receita. NÃO HÁ HOJE QUALQUER REMÉDIO EFETIVO PARA O TRATAMENTO DA OBESIDADE, JÁ APROVADO PELA VIGILÂNCIA SANITÁRIA, QUE NÃO ESTEJA NO MERCADO. Por outro lado, há "medicamentos" que são vendidos em farmácias, difundidos pela mídia e propalados por pessoas desonestas que não têm nenhuma utilidade no tratamento da obesidade, além de poderem ser perigosos. Como reconhecê-los? É fácil: em geral estão superexpostos, são vendidos livremente, apregoam milagres e freqüentemente são denominados de "naturais".

A princípio, não há quase lugar para as famosas fórmulas para emagrecer. Entretanto, pode ser que para algum tipo de obesidade torne-se necessário adaptar um tipo de fórmula combinando medicamentos. Nesse caso, deve-se prestar atenção ao seguinte:

1) não confie em nenhuma fórmula que contenha a prescrição de mais de dois componentes;
2) não confie em nenhum médico que indique uma farmácia específica de manipulação. Esse não é médico, é comerciante;
3) fuja do médico que manipula (ou diz que manipula) ele mesmo a fórmula.

Fuja, também, correndo e bem ligeiro, de qualquer tipo de injeção para emagrecer. Não há qualquer estudo sério que comprove sua eficácia. Trata-se, portanto, de mais uma charlatanice que visa apenas e tão-somente enriquecer os donos de "clínicas de estética". Tais clínicas não se comparam ao trabalho desenvolvido pelos Vigilantes do Peso, que são uma instituição séria. Mas ainda aí o tratamento pode ser ilusório, pois seus mentores partem de premissa discutível. Eles trabalham com a premissa de que exista uma mentalidade do tipo "cabeça de gordo". Ou seja, acreditam que a partir do momento em que você prescreve uma dieta balanceada e tenta mudar a forma de pensar do obeso, o sucesso é garantido. De fato, esse sistema pode funcionar para alguns que em geral têm poucos quilos para eliminar. Mas, para a maioria dos obesos, trata-se de mais uma ilusão. Ele tem que participar religiosamente das reuniões semanais, um paliativo que dificilmente se pode manter por anos a fio. E a dieta, por mais equilibrada que seja, é restritiva. O indivíduo compulsivo, por exemplo, acaba desistindo.

Então, vamos esclarecer um ponto: não existe o "pensar gordo" ou "pensar magro". Isso é produto de preconceito contra os obesos. Não é a forma de pensar que determina o descontrole na ingestão dos alimentos. Isso acaba criando uma camisa-de-força para o gordo. E, como acontece com todos os regimes e dietas restritivos, funciona por uns tempos, como aconteceu com Claudir. Depois, volta-se à vida de antes, readquirindo-se os quilos perdidos.

ABAIXO O REGIME!

Volto a dizer que sou contra — terminantemente contra — qualquer regime de emagrecimento. Se você encontrar um gordo e este lhe disser: "estou de regime", como se costuma dizer, ou então: "estou fazendo dieta", pode crer, ele provavelmente não vai ter seu excesso de peso controlado para sempre. O obeso precisa é de tratamento, tratamento adequado para uma doença crônica. Algo específico. E que leve em conta toda e qualquer complicação adicional que eventualmente a obesidade lhe tenha acarretado.

Por isso, pode-se dizer que a "Dieta do Dr. Atkins" é um dos grandes engodos do século passado e atual. Como é que alguém pode acreditar nessa fantasia? Como é que alguém pode acreditar que irá conseguir se alimentar apenas de proteínas e gorduras para o resto da vida? Será que é preciso um médico especialista vir e apontar os distúrbios que essa "dieta" acarreta ao organismo?

Há quem defenda o sistema dizendo sentir-se bem com ele. Na verdade, você emagrece com qualquer tipo de dieta restritiva. Basta ficar por uns tempos só comendo gorduras, ou só abacaxi, ou só maçã com leite, sopas etc. Mas o resultado será, invariavelmente, a volta dos quilos perdidos e um desequilíbrio no quadro geral da saúde. Veja bem, o Dr. Atkins, em seu último livro, recomenda às pessoas quilos e quilos de vitaminas, alegando que é apenas para combater a "fraqueza" provocada pela falta de hidratos de carbono. É uma insanidade. Recomenda que se coma apenas proteínas e gorduras, adicionando depois artificialmente as vitaminas que fatalmente estariam fazendo falta. E há os que acreditam que alguém vá manter esse sistema por muitos anos! Além disso, apregoam seus defensores que, retirando-se totalmente os hidratos de carbono da alimentação, se equilibrará a insulina e, portanto, baixarão os níveis de colesterol e triglicérides. Qual a comprovação científica disso? O aumento de insulina é provocado também por proteínas e gorduras, não só por carboidratos. Para alguém que pesquisa seriamente, é muito difícil levar a sério tais idéias. Pena que tanta e tanta gente acabe se iludindo e, com isso, fiquem adiados os resultados para o seu verdadeiro problema.

Emagrecer ou engordar é um pouco mais do que o mero resultado da diferença entre consumo e gasto de calorias. Esse equilíbrio é determinante e básico. Mas hoje sabemos também que algumas pessoas fazem, no organismo, mais ou menos gorduras que outras, ingerindo e gastando a mesma quantidade. A capacidade engordativa é diferente entre pessoas que consomem a mesma quantidade de calorias. Esse tipo de retenção de calorias mais (ou menos) sob a forma de gorduras explica em parte o fato de alguns magros ingerirem grandes quantidades de alimentos e continuarem magros. Mas não é só isso. No gasto das calorias há também outra diferença. Você pode gastar calorias que vêm da gordura ou de outros depósitos. Quanto menos gastar calorias da gordura, maior a tendência para o seu acúmulo. Resumindo: realmente existe o equilíbrio ou desequilíbrio entre o que se come *versus* o que se gasta. Mas, no meio do caminho, quando sobram calorias existe a questão de fazer mais ou menos gordura, e quando faltam, pode-se dissolver mais ou menos gordura. Esse fato é muito importante e praticamente desconhecido das pessoas. Aos interessados, informo que desenvolvo este tema de forma mais extensa no livro *Pontos para o gordo*. A partir desse conhecimento fica difícil aceitar um sistema de emagrecimento único e indiferenciado que não leve em consideração as peculiaridades de cada obeso.

DISTÚRBIO BIOLÓGICO

A síntese de tudo é o seguinte: há obesos que não comem demais, se comparados a magros. Provavelmente, o organismo desses obesos tem mais facilidade para estocar o excesso de calorias sob a forma de gorduras. Além disso, deve existir neles mecanismos que facilitam mais a queima de calorias provenientes de outros depósitos e não das gorduras. Por outro lado, há o fato indiscutível de que existem os gordos que comem demais. Para esses, é muito difícil manter horários rígidos de refeições, assim como determinar quantidade e qualidade de alimentos. Seja porque têm muita sensação de fome, porque têm compulsão alimentar, ou porque não têm a sensação de saciedade.

Este é o cerne da questão. ENGORDA-SE POR DISTÚRBIO BIOLÓGICO. Os mecanismos que regulam a fome e a saciedade são muito mais complexos do que imaginávamos. Pesquisas avançadas de genética e biologia molecular permitem que saibamos que existem pelo menos 15 substâncias naturais que regulam nossa vontade de comer e o momento de parar de comer. E não é só isso. São esses elementos naturais existentes no organismo do ser humano que determinam também o gosto por este ou aquele alimento.

Se o neurotransmissor serotonina estiver em quantidade insuficiente no hipotálamo, por exemplo, surge no indivíduo portador desse distúrbio uma enorme vontade de comer, principalmente doces. Portanto, possuindo essa deficiência, ele vai conseguir se controlar somente por algum tempo. Depois, se cansa de tanta luta inglória e passa a realizar orgias de chocolates e outras guloseimas. Nesse momento, engorda. Sente culpa. Come mais. E engorda mais ainda. Tudo isso sem saber que é uma disfunção bioquímica do seu organismo que está provocando o círculo vicioso. É provável que este seja um dos mecanismos responsáveis pela obesidade do Claudir.

Poderia citar também o exemplo da leptina, que é um hormônio fabricado na célula gordurosa e que, entre outras funções, avisa ao cérebro quando se deve parar de comer. Sua deficiência ou a resistência à sua ação pode causar obesidade. Há também substâncias que são produzidas no tubo digestivo e que, em contato com o alimento, sinalizam ao cérebro para parar de comer. A colecistoquinina, que é elaborada no intestino delgado, é um exemplo. Basta então uma deficiência nessa substância para que o sistema não funcione direito e, aí, adeus saciedade.

Existe a crença de que o gordo só se sente saciado quando come gordura; se você estudar uma população de obesos, vai detectar que nela o consumo de gorduras é maior que a média da população em geral. Mas é possível interpretar isso de duas maneiras. Ou o obeso realmente gosta mais de comer gordura, ou a pessoa fica obesa porque já gostava de comer alimentos gordurosos. O interessante é que, freqüentemente, eles não comem mais calorias que os magros, mas sim, quase invariavelmente, comem mais gorduras. Como chefe do Ambulatório de Obesidade do Hospital das Clínicas, coordenei uma pesquisa junto com as nossas nutricionistas, fazendo um relatório chamado "Recordatório Alimentar" entre as mulheres que nos procuram por causa do excesso de peso. Ali percebemos que as mulheres obesas, todas de origem humilde, de famílias de baixa renda, comem mais proteínas e gorduras e menos hidratos de carbono do que o recomendado.

GORDURA: A GRANDE VILÃ

Repito aqui o que escrevi nos meus livros anteriores. Não são os carboidratos os grandes vilões do peso excessivo do gordo, mas as gorduras. Eis aqui um detalhe que as pessoas ávidas pelo emagrecimento devem anotar e nunca mais esquecer: o organismo tem muito mais trabalho para transformar os carboidratos (arroz, feijão, macarrão, pão, batata, açúcar) em gorduras. Das calorias que estes contêm, 25% são gastos nesse processo. Já para que as gorduras que ingerimos sejam transformadas em tecido adiposo, apenas 4% das calorias são "queimadas" no processo.

Um dos grandes problemas das gorduras é, sem dúvida, seu maior valor calórico. Um grama de gordura tem 9 calorias, enquanto um grama de proteína e de carboidrato tem 4 calorias. Além disso, no entanto, caloria por caloria, as calorias das gorduras são mais engordativas.

Durante muito tempo o Claudir pensou que o seu problema fosse uma espécie de hipoglicemia. Ele conta que duas horas antes do almoço ou do jantar começava uma depressão, uma irritação, um descontentamento com a vida. Como se nada mais valesse a pena. Aí, era só comer, de preferência carboidratos, e ficava normal. Até poderia ser, no caso, uma hipoglicemia reativa. Ou seja, um desbalanço entre o que o pâncreas produzia de insulina e a glicose que ele ingeria. Ele deveria ter feito um exame de curva glicêmica para checar, pois isso poderia ser apenas uma hipoglicemia reativa simples, sem conseqüências maiores, ou o início de um diabetes. Só que, se fosse mesmo isso, Claudir acabaria com o problema se parasse totalmente de comer açúcar. Quem não come açúcar, não tem uma produção exagerada de insulina e, portanto, não tem hipoglicemia reativa.

Quando Claudir experimentou a dieta do Dr. Atkins, ficando, portanto, à base de proteína e gordura, o problema só se agravou. "Passei um mês me arrastando por aí", contou. O problema dele, então, não devia ser de hipoglicemia. A dieta do Dr. Atkins causa com freqüência muito cansaço. Por outro lado, a afirmação de que a insulina só se eleva com carboidratos é bobagem; ela sobe também com os outros nutrientes (proteínas e gorduras). Sobe menos, mas sobe. A hipoglicemia, a princípio, tem pouco a ver com a obesidade, embora o indivíduo com hipoglicemia acabe engordando mais porque se estabelece o círculo vicioso: ele tem a baixa glicemia provocada pela falta de regulação da insulina que, por sua vez, é provocada pelo açúcar. E precisa de mais açúcar para equilibrar a glicemia etc. A hipoglicemia pode até acabar sendo uma das causas da obesidade, mas não é, nem de longe, a mais freqüente.

O TAMANHO DO ESTÔMAGO E OS MÉTODOS PARA REDUZI-LO

As pessoas costumam perguntar se a obesidade pode estar relacionada com a distensão ou dilatação do estômago, o que seria resolvido com sua diminuição a partir de uma cirurgia. Aparentemente, isso não é verdade. De acordo com experiência de cirurgiões, o estômago do obeso não é muito maior que o do magro. O obeso emagrece depois da operação porque o estômago fica pequeno e não comporta mais a quantidade habitual de comida. O estômago tem uma grande capacidade de se distender. Seja o do gordo ou o do magro. É uma câmara elástica que, quando inflada, fica com capacidade de 1,5 litro a 2 litros. Se você come menos, ele fica mais vazio, só isso. A questão é que uma vez feita a cirurgia, o estômago fica reduzido a uma câmara de 20 a 30 mililitros.

E tem mais. Com a cirurgia mais usada e mais efetiva, que se chama de "cirurgia de Capella", o alimento passa direto para o intestino, sem barreira. Usualmente, o estômago, quando o alimento entra, trabalha esse alimento, que só depois passa pelo piloro, que é a válvula que fecha e abre o estômago, até o intestino. Ao passar direto, o sujeito já sente saciedade. Uma pessoa vive de uma maneira praticamente normal com este pequeno estômago, apenas comendo pouco. Aliás, em geral vive melhor do que quando tinha seus 150, 200 quilos. Apenas tem que tomar vitaminas e minerais complementares (ferro, B_{12}, complexos vitamínicos), porque não há absorção de algumas substâncias no processo e também porque ele come pouco mesmo. Nesta cirurgia, o indivíduo elimina em média 40% do seu peso anterior, enquanto na cirurgia chamada "banda", com "grampo" ou "cinto", onde apenas se diminui o tamanho do estômago, ele perderá 25% do peso, em média.

Há também um terceiro tipo de intervenção que é a do "balão intragástrico". Através de endoscopia, introduz-se no estômago um material que é inflado com soro fisiológico. Aí fica-se com um balão de meio litro no estômago. A vantagem é que não se trata de uma cirurgia, não tem anestesia. A desvantagem está no fato de ser um artifício provisório. Dura até uns seis meses e tem que ser retirado, senão pode migrar para o intestino.

A melhor cirurgia, no momento, para mim, é a de Capella (nome do cirurgião que a inventou). É definitiva e faz perder mais peso. E é recomendável para qualquer pessoa com a chamada grande obesidade. Não precisa nem ser a obesidade mórbida, identificada pelo IMC* como maior do que $40kg/m^2$. Com um IMC acima de $35kg/m^2$, a cirurgia já é recomendável, desde que os tratamentos convencionais tenham sido ineficazes ou haja complicações decorrentes do excesso de peso. É fundamental saber que a pessoa tentou tratamento clínico bem orientado e não obteve resultados. Os ganhos que o obeso tem com a cirurgia são enor-

---

* Índice de Massa Corporal. O cálculo do IMC está na página 130 deste livro.

mes. Além da questão da saúde, ele vai ser mais valorizado, vai poder realizar sonhos que a obesidade impedia, vai deixar de ser o centro de gozações e humilhações.

A porcentagem de êxito no emagrecimento do obeso após a cirurgia, principalmente com a de Capella, é de quase 100%. Nunca vi um caso de alguém que tenha passado por essa cirurgia e voltou a engordar. Mesmo porque o operado já sabe que, se ingerir alimentos muito energéticos, vai passar mal. Então ele os evita. Já na cirurgia de "banda", é possível que o obeso drible o tamanho do estômago sorvendo líquidos muito calóricos, como leite condensado ou chocolate líquido com açúcar. Isso ocorre quando há forte compulsão.

No caso do Claudir, ele está tentando primeiro a orientação clínica bem conduzida. Seu problema não decorre de hipoglicemia, mas, provavelmente, de um distúrbio na regulação química de fome e de saciedade, particularmente do neurotransmissor serotonina. Além do mais, ele parece não apresentar — ainda — as complicações advindas da obesidade, como diabetes, hipertensão arterial, colesterol (ruim) alto, apnéia do sono. A cirurgia é particularmente indicada para o superobeso que não se adequa ao tratamento clínico e que já apresenta algumas dessas complicações.

GENÉTICA x CHARLATANICE

Mas a medicina tem feito avanços consideráveis. Como já se sabe que em pelo menos 30%, 40% dos casos a obesidade é genética, acredito que logo teremos meios de identificar no recém-nascido essa tendência. O pessoal do nosso Laboratório de Biologia Molecular da Obesidade, dirigido pela Dra. Sandra Villares na Faculdade de Medicina da Universidade de São Paulo, está fazendo pesquisas comparáveis às feitas atualmente nos centros de pesquisa mais avançados do mundo. E estamos comprovando que a influência dos genes na obesidade é realmente muito grande.

É preciso que a sociedade entenda cada vez mais que este é um problema muito mais sério do que se pensava. Não se trata dessa coisa odienta de mandar a pessoa "fechar a boca". Trata-se de uma doença. E essa é a melhor maneira de encarar o problema para poder tratá-lo. Uma vez sabendo que é uma doença e não uma fraqueza de caráter, esvai-se o preconceito e começa a ciência. O gordo tem que ser tratado da mesma forma que o diabético, o hipertenso ou a pessoa que apresenta problema crônico de colesterol alto. É uma pena que o obeso, além de carregar a doença, ainda tenha que agüentar a ignorância e o preconceito dos outros. O gordo não é gordo porque tem a auto-estima baixa, ele tem a auto-estima baixa porque é gordo. Essa diferença é fundamental.

É importante então que se fale em uma ciência da obesidade. Este é o princípio do fim da charlatanice que esfola, explora e ludibria os gordos. Em nosso laboratório da Faculdade de Medicina da Universidade de São Paulo, temos um banco de DNA, que é onde ficam os genes. É coisa séria. É ciência para tratar de um problema que crucifica o homem moderno em pleno século 21.

O PRECONCEITO
CONTRA OS REMÉDIOS

Quanto aos medicamentos, tenho repetido diversas vezes, com ênfase, não haver mais dúvidas de que é impossível combater alguns casos de obesidade sem o seu apoio. Isso se faz necessário, claro, todas as vezes em que não se consegue êxito com a mudança dos hábitos alimentares e a inserção de práticas regulares de exercícios físicos no cotidiano do doente. Como qualquer outra doença, a obesidade precisa de remédios. Hoje em dia, a FDA (Food and Drug Administration, dos Estados Unidos) e a Vigilância Sanitária do Brasil, entre outros órgãos, fiscalizam os novos medicamentos. É preciso que eles representem um bem maior que o tratamento convencional na eliminação dos riscos sempre presentes à saúde global do obeso.

Foram descobertas, por exemplo, substâncias que atuam nos neurotransmissores. São remédios que evitam a sensação de fome e geram a de saciedade. Os laboratórios farmacêuticos estão descobrindo substâncias que interferem e corrigem aqueles neurotransmissores que estão defeituosos. É preciso acabar com o medo generalizado dos medicamentos no caso da obesidade. Se o problema é a deficiência de uma substância que faz o sujeito sentir fome, há que repor essa substância. É uma coisa lógica. E estamos ainda no início dessas descobertas. Tenho certeza de que daqui a 20 anos tratar obesidade vai ser como tratar hipertensão arterial. É preciso verificar onde está o defeito. Esse é o papel do médico responsável: fazer um bom diagnóstico para apresentar a solução mais eficaz.

Por exemplo, a pessoa apresenta muita compulsão alimentar. Estudando o caso e descobrindo-se que há falta de leptina, basta ministrá-la e a compulsão desaparece. Ou então o defeito é no receptor da leptina. Dar-se-ão então medicamentos que atuam nesse receptor. Assim como há hipertensos que têm de fazer uso de remédios por toda a vida, o mesmo se dá com muitos obesos. Ao parar de tomar o medicamento, a obesidade volta. Quem se nega a aceitar essa realidade está vivendo de ilusões.

O neurotransmissor serotonina é básico nas pesquisas que geram novos medicamentos. No caso de Claudir Franciatto, por exemplo, que passou longo tempo achando que sofria de hipoglicemia, a explicação pode estar na falta de serotonina. Trata-se de uma substância produzida no sistema nervoso central e que está difusa no organismo. Quando ela está baixa, a pessoa apresenta todos aqueles sintomas que ele relacionou: depressão, baixa motivação, mal-estar, fraqueza, irritação. Ao comer açúcar, o nível de serotonina sobe e o sujeito se sente melhor. Se receito um remédio que restaura a serotonina do paciente, este deixa de comer o açúcar (que quase sempre vem acompanhado de muita gordura nos doces). Vai, portanto, emagrecer.

"FORÇA DE VONTADE"?!

Mas nem tudo é químico. Não podemos negar o papel das emoções. Há uma interação. Só que, de fato, muito do que se pensava ser apenas ausência de "força de vontade" do gordo é, na verdade, conseqüência de distúrbios químicos no organismo, principalmente de origem genética. Hoje, também e principalmente em outras áreas, estão surgindo dezenas de livros dando conta de distúrbios orgânicos antes confundidos com problemas psicológicos, como depressão, psicose etc. E na questão da obesidade isso é muito amplo. O obeso pode apresentar problemas químicos no sistema nervoso central, no funcionamento de um neurotransmissor, na produção de gordura dentro do organismo, na deficiência da oxidação de gorduras etc. Mas a obesidade também ocorre em indivíduos sujeitos a emoções que interferem em sua alimentação e em sua atividade física.

Estudamos tudo isso no Hospital das Clínicas. Trabalhamos com crianças, com obesos mórbidos, obesos diabéticos, hipertensos, com apnéia do sono etc. Não há um único aspecto do organismo do obeso livre de apresentar uma complicação. Além disso, fazemos pesquisas clínicas com medicamentos. Obesidade virou assunto sério. Não dá mais para brincar com doença tão complexa. Existem outros centros de estudos de obesidade, mas me orgulho do nosso ter sido o pioneiro. Quem for no HC num dia de ambulatório terá a oportunidade de verificar a dimensão do problema. Deve haver lá, entre os que estão sendo consultados, os que tentam ser atendidos no ambulatório, os que estão marcando consultas etc., uns 120 obesos por dia.

Muita gente pensa que a imagem da endocrinologia ficou desgastada por causa dos maus médicos que tratam dos gordos. Mas a endocrinologia é muito mais ampla que isso e sempre houve muita seriedade. Apenas havia um contrasenso. Endocrinologistas tratam de diabetes, hipertensão, tireóide, ovário, testículos, supra-renal etc. etc., incluindo a obesidade. No entanto, você comparecia a um congresso da área e percebia que 99% dos assuntos tratados referia-se a tudo, menos obesidade. Nos cursos universitários era a mesma coisa. Entretanto, o médico endocrinologista se forma, abre um consultório e seus pacientes são, em 70% ou 80% dos casos, pessoas que querem emagrecer. Algo está errado aí, não está? Como é que o médico vai cuidar de uma coisa para a qual não foi preparado adequadamente? Alguém ensinou a ele o que é de fato obesidade?

E o problema não é só esse. A questão do diabetes, por exemplo: os tratamentos, em sua maioria, estão errados. Qual a grande causa do diabetes? Além de um pâncreas mais ou menos defeituoso, a principal causa é a obesidade. Já se comprovou isso. Se você diminui o peso, elimina metade dos problemas surgidos de diabetes. Mas o que acontece? O médico trata do diabetes com comprimidos, insulina etc., mas não trata da obesidade. Ele está administrando o efeito, mas mantendo a causa. É como um *iceberg*. Em geral cuida-se da parte que se vê, deixando-se de lado a grande base submersa que é a obesidade. E esta é uma doença que está aumentando no mundo. É uma verdadeira epidemia, não há nenhuma dúvida sobre isto. Vale dizer que 40% dos brasileiros adultos têm excesso de peso. Se continuar assim, em algumas dezenas de anos todos os brasileiros terão excesso de peso.

AS NOVIDADES

As pesquisas continuam. No caso da leptina, elas já estão na fase três, ou seja, na fase de testes amplos em humanos. De um lado, sabe-se hoje que não representa a revolução total, quer dizer, não traz a salvação completa, ao contrário do que pensávamos. Mas, por outro lado, o desvendamento dos mecanismos pelos quais atua desencadeou uma série de conhecimentos novos. Permitiu, por exemplo, que trabalhemos com outros tipos de substâncias, avançando no tratamento da obesidade. Agora pesquisamos substâncias que irão atuar ajudando a não formar gordura no organismo, ou fazendo aumentar a sua queima. Há, enfim, milhares de perspectivas na área de medicamentos que ajudarão no tratamento da obesidade.

Os remédios mais modernos no processo de emagrecimento são o orlistat, comercializado sob o nome de Xenical, e a sibutramina, que se encontra no Plenty e no Reductil. São ótimos remédios para ajudar a emagrecer. Descrevi em pormenores a sua origem, seus efeitos e virtudes no livro *Pontos para o gordo*. Trata-se de produtos oriundos de pesquisas sérias. O orlistat, ao provocar a eliminação de 30% da gordura que ingerimos, auxilia bastante no tratamento da obesidade. É um remédio seguro que atua muito bem. Os seus efeitos colaterais provêm de seu mecanismo de ação. É evidente que se o indivíduo comer uma quantidade grande de gordura, haverá também a eliminação dessas gorduras pelo intestino. Em geral minha experiência tem sido positiva com esse remédio.

Já a sibutramina, ao agir na recaptação da serotonina, aumentando sua concentração na chamada fenda sinéptica, diminui a deficiência desta no hipotálamo, aumentando a sensação de saciedade. Você senta para comer, mas come menos que o normal. Não só aumenta a saciedade, como age no que chamamos de catecolamina (adrenalina, noradrenalina etc.), fazendo elevar o nível da queima de calorias. E com poucos efeitos colaterais, que, quando aparecem, são dor de cabeça, insônia, intestino preguiçoso, boca seca e uma leve tendência à subida de pulso e de pressão. Em geral nada significativo e não para todos os usuários. Como o orlistat, não causa qualquer dependência. Funciona em todos os pacientes? É claro que não. Uns 70% dos pacientes diagnosticados se beneficiam dele. Uns mais, outros menos.

Apesar do preconceito em relação aos medicamentos contra a obesidade, fica evidente que eles são indispensáveis para alguns gordos. O próprio Claudir conta que, embora fizesse uso de anfetaminas, tinha muito medo de qualquer tipo de remédio contra a obesidade por causa de seu emprego generalizado. Em seu livro *Tudo sobre álcool e drogas*, ele faz uma análise dessa droga, que foi descoberta para tratar de distúrbios psiquiátricos, tais como apatia profunda. Entretanto, como apresentava o efeito colateral de tirar o apetite, foi logo "importada" para os obesos. Como um dos primeiros remédios descobertos para se enfrentar o problema, as anfetaminas realmente foram prescritas à vontade. Os efeitos disso foram desastrosos. Muitos pacientes tiveram de conviver posteriormente com problemas adicionais provocados por elas. Por isso estão proibidas.

Hoje tem-se no mercado remédios que, com poucos efeitos colaterais e sem causar dependência física e química, podem ser administrados de forma racional e consciencosa. Entretanto, passaram, igualmente, a ser administrados de forma abusiva e indiscriminada, sendo chamados, erroneamente, de "anfetamínicos". É o caso do fenproporex, do mazindol e da anfepramona, que ainda podem ser utilizados de uma maneira judiciosa em alguns obesos (principalmente porque são medicamentos mais acessíveis de um ponto de vista econômico).

CADA CASO É UM CASO

É bom que se diga que nem todos as pessoas com necessidade de emagrecer precisam de remédios. Há os que conseguem fazê-lo apenas através de uma mudança adequada no estilo de vida. Há outros que voltam a desfrutar de um peso razoável apenas incorporando no seu dia-a-dia os exercícios físicos. Outros, entretanto, só conseguem emagrecer com a ajuda de medicamentos, que lhes regulam o apetite e com os quais se livram mais facilmente das gorduras. É só uma questão de acertar o medicamento, o que pressupõe um diagnóstico adequado. Por último, há os obesos mórbidos que já tentaram, sem sucesso, o tratamento convencional. Nem com remédio eles conseguem atingir peso razoável. Nesse caso, só a cirurgia pode ser o caminho.

Cada caso é um caso, sem dúvida. Algumas recomendações, no entanto, que servem para toda e qualquer pessoa que deseje emagrecer. São as seguintes:

1) não tenha pressa de eliminar o peso em excesso;
2) siga sempre um programa alimentar que se coadune com seu estilo de vida;
3) não se prive de nenhum alimento, NENHUM MESMO;
4) coma devagar, mastigando bem os alimentos;
5) adquira o hábito de deixar restos no prato;

115

6) procure não fazer outra atividade enquanto come;

7) tente aumentar a atividade física diária;

8) tenha como meta um peso razoável, abandonando a idéia de "peso ideal";

9) procure manter o peso, depois que emagreceu, por um período longo, pois assim o organismo se acostumará e ficará cada vez mais difícil voltar a engordar.

O que os gordos e gordas precisam, em primeiro lugar, é verificar qual o seu IMC. O ideal é que esse número esteja entre 20kg/m² e 25kg/m². E, veja bem, 40% dos brasileiros adultos se encontram acima desse patamar. Quanto à atividade física, a recomendação básica e fundamental é que seja regular, seja ela qual for. Não há necessidade de comparecer a academias ou fazer muito esporte, basta se movimentar no dia-a-dia.

É importante que a ciência seja do conhecimento popular. Isso é muito difícil em nosso país. Os cientistas ficam enclausurados em suas descobertas, formando uma elite distante do povo. Enquanto isso, os preconceitos e os frutos da ignorância se disseminam. Há muito tempo me convenci de que a população leiga tem todo o direito de receber, por profissionais capacitados, informações sobre os problemas que a afligem. Um dos objetivos deste livro é exatamente este!

TERCEIRA PARTE

BALANÇO DE PONTOS

INTRODUÇÃO

Há mais de 30 anos utilizo o sistema de pontos com os meus pacientes que querem emagrecer.

Gosto desse sistema porque permite às pessoas comerem de tudo e porque as ensina a comer, visto que não precisam sair do seu cotidiano alimentar.

O meu site www.emagrecendo.com.br (que, com orgulho, devo dizer que foi escolhido como o Melhor Site de Saúde pelo voto popular no I Best) também se utiliza desse sistema de pontos.

Posso assegurar que se a pessoa seguir nossas instruções com certeza vai perder peso. E se, após chegar ao peso desejado, continuar aderindo à nossa filosofia, quase com certeza manterá o novo peso.

Nos meus livros anteriores (*Entenda a obesidade e emagreça*, *Obesidade* e *Pontos para o gordo*) publiquei o Sistema de Pontos e seus princípios. Com o contato direto dos pacientes comigo e com as nutricionistas, é possível um cálculo bem preciso dos pontos a serem administrados (dependendo do peso, altura, sexo, idade, excesso de peso) para cada indivíduo. Já nos livros, a quantidade de pontos diários que cada um deve totalizar por dia é muito menos precisa.

Pensando nisso e tentando particularizar o máximo possível o cálculo de pontos para cada um, adoto neste livro o balanço de pontos. Para calcular a sua quota de comida a ser ingerida por dia, é útil que você saiba por que e como utilizar o balanço de pontos. Você vai perceber que não é nada complicado e, mais ainda, vai aprender um pouco mais sobre como funciona esta verdadeira usina de energia que é o seu organismo.

O PRINCÍPIO DO
BALANÇO ENERGÉTICO

O ganho, manutenção ou perda de peso depende da diferença entre as calorias que você ingere e as calorias que você gasta. Se você come mais calorias do que gasta, o balanço é positivo e sobrarão calorias no seu organismo, que em boa parte serão depositadas sob a forma de gordura. Já se você gasta mais calorias do que come, o balanço é negativo e calorias terão que ser retiradas do organismo.

Essas calorias estão estocadas no organismo sob diversas formas, mas principalmente sob a forma de gorduras. É fácil então entender por que você emagrece numa situação de balanço energético negativo.

Para conseguir este balanço negativo você pode:

a) Só comer menos calorias

b) Só gastar mais calorias

c) Comer menos e gastar mais calorias

O quanto você come em calorias é, já passando para os pontos, o quanto você ingere em pontos. É aí que você tem que calcular quantos pontos deve fazer para que o seu consumo total seja menor do que o que você gasta durante o dia.

E como calcular o que você gasta?

Para saber como e por que fazer isto, vamos a algumas explicações.

A QUEIMA CALÓRICA

Há três maneiras pelas quais o organismo queima calorias: o metabolismo basal, a atividade física e a termogênese alimentar.

O metabolismo basal representa a queima calórica quando dormimos, e é a energia necessária para que permaneçamos vivos — para que as células funcionem, para que o coração bata, para que respiremos etc. Este metabolismo basal representa 60% a 70% do nosso gasto calórico diário e aumenta com o aumento de peso, é maior nos homens do que nas mulheres e é maior nos jovens do que nos velhos.

O metabolismo basal pode ser medido em aparelhos chamados calorímetros. Na verdade em geral medimos o chamado metabolismo de repouso, que é o metabolismo quando estamos deitados mas acordados, pois há uma diferença entre o que queimamos dormindo ou acordados.

Como quase ninguém pode ou quer medir seu metabolismo em calorímetros, há fórmulas matemáticas que calculam nosso metabolismo basal, tendo como referência o peso, a altura, o sexo e a idade. A fórmula mais usada é a de Harris e Benedict, e voltaremos a ela daqui a pouco.

O gasto calórico devido à atividade física representa a soma de todas as nossas atividades, desde mexer as mãos e mastigar, por exemplo, até exercícios físicos pesados. Este componente do gasto calórico ligado à atividade física varia de indivíduo para indivíduo e, mais importante, varia num mesmo indivíduo de acordo com sua atividade diária.

Para fins didáticos, e até para que se possa quantificá-la em nosso balanço de pontos, a atividade física pode ser dividida em programada e não programada. Atividade física programada é aquela em que você resolve se dedicar durante alguns minutos, ou horas, à prática de algum tipo de atividade física (esportes, academia, aeróbica, marcha rápida, cooper etc.).

Já a atividade física não programada é aquela que você faz no seu dia-a-dia. Embora pareça pouco importante, esta atividade física não programada (ou cotidiana) pode representar muitas calorias gastas por dia. Estou muito acostumado a ver pessoas que engordam ou emagrecem muito com uma mudança de atividade física não programada (ex.: o indivíduo que no seu trabalho ficava muito tempo em pé, se movimentando, pode ganhar muito peso se começar a trabalhar sentado).

Já a termogênese alimentar representa o gasto calórico que o organismo tem quando se come algum alimento. Ao mastigar, deglutir, digerir, transportar, armazenar um alimento, o seu corpo tem que trabalhar e desse trabalho resulta uma certa queima de calorias. A queima de calorias não é igual para todos os alimentos. As proteínas queimam mais que os carboidratos e estes mais que as gorduras.

Calcula-se que a termogênese alimentar "vale" aproximadamente 10% do valor do metabolismo basal. Para fins práticos não iremos incluir a termogênese alimentar nos nossos cálculos para o balanço de pontos porque acreditamos que a fórmula de Harris e Benedict superestima o metabolismo basal em cerca de 10% nas pessoas com excesso de peso.

Feitas estas explicações, vamos aos cálculos do balanço de pontos, que, em última análise, vai lhe dar com certa precisão o número de pontos que você deve fazer por dia para perder peso de uma maneira consistente (e mais ainda, que vai lhe ensinar a conhecer razoavelmente bem as trocas energéticas do seu corpo).

CÁLCULO DO
BALANÇO DE PONTOS

Antes de mais nada deve ficar bem claro que pontos nada mais são que calorias expressas de uma maneira mais simples e, a meu ver, mais simpática.

O mérito maior do sistema de pontos é que ele simplifica o cálculo e lhe permite comer tudo que você queira, desde que de maneira equilibrada, e, mais ainda, lhe ensina a comer para o resto da vida (além de incentivar a sua atividade física, pois quanto maior ela for, melhor será o resultado).

Balanço de pontos significa balanço energético; o que queremos é que você aprenda a perder peso (e depois mantê-lo), usando o seu conhecimento sobre os pontos dos alimentos e os pontos do seu gasto calórico.

Nossa intenção é fazer com que os pontos que você come sejam inferiores aos pontos que você gasta, e, com um balanço de pontos negativo, obter a perda de peso. A quantidade de pontos negativos você deve fazer depende do seu grau de excesso de peso, do seu sexo, de sua idade e da sua atividade física diária. Tudo isso vai ser calculado e ao final, usando a sua calculadora (ou à moda antiga, fazendo contas), você obterá o número de pontos que deve fazer num dia para ter uma boa perda de peso.

Vamos então aos cálculos:

a) Calcule seu metabolismo basal, usando a fórmula de Harris-Benedict. O resultado (adaptado por nós) já é dado em pontos. Não se assuste com a complexidade da fórmula, pois você vai fazer este cálculo poucas vezes no nosso programa de emagrecimento e de estabilização de peso.

Se você for homem a fórmula é:

$$\frac{66 + (13,7 \times \text{peso em kg}) + (5 \times \text{altura em cm}) - (6,8 \times \text{idade})}{3,6}$$

Se você for mulher a fórmula é:

$$\frac{655 + (9,6 \times \text{peso em kg}) + (1,7 \times \text{altura em cm}) - (4,7 \times \text{idade})}{3,6}$$

b) Multiplique o valor em pontos do seu metabolismo basal pelo fator de atividade que resulta do seu gasto calórico do dia-a-dia (atividade física não programada) e de sua atividade física programada.

Veja na tabela a seguir qual é o seu fator de atividade (FA). É possível que ao procurar o seu fator de atividade você não se encaixe perfeitamente em nenhum dos protótipos. Procure então o mais próximo do seu. O erro será muito pequeno.

12/19 = 122 K

$$\frac{66 + (13,7 \times 122) + (5 \times 1,80) - (6,8 \times 41)}{3,6}$$

$$\frac{66 + 1671,4 + 9,0 - 278,8}{3,6}$$

$$\frac{1.467,6}{3,6}$$

128

407,66 × 13 = 530.

TABELA 1: FATOR DE ATIVIDADE

MULHER	HOMEM	
1,2	1,2	• Dia-a-dia muito sedentário • Sem atividade física programada
1,3	1,3	• Dia-a-dia movimentado • Sem atividade física programada ou • Dia-a-dia parado • Atividade física programada: 3 × por semana 30 min por dia
1,35	1,4	• Dia-a-dia movimentado • Atividade física programada: 3 × por semana 30 min por dia
1,45	1,5	• Dia-a-dia movimentado • Atividade física programada: 3 × por semana por mais de 1 hora ou • Atividade física programada: diária por mais de 30 minutos
1,5	1,6	• Dia-a-dia movimentado • Atividade física programada: diária por 1 hora a 2 horas e 30 min
1,7	1,8	• Dia-a-dia movimentado • Atividade física programada: diária por mais de 3 horas

Com esses dados, metabolismo basal e fator de atividade, chegamos ao total de pontos gastos.

Total de pontos gastos = Metabolismo basal × FA

Este número que você obteve representa o seu gasto em pontos *por dia*. Se você comer este número de pontos, irá manter o seu peso.

c) Para emagrecer, você deverá subtrair um certo número de pontos, que depende do seu Índice de Massa Corporal (que é obtido dividindo o seu peso pela altura ao quadrado).

$$IMC = \frac{peso \ (kg)}{alt \times alt \ (m^2)}$$

O cálculo de *pontos* que você deve subtrair está mostrado na tabela 2 e depende do sexo e do seu Índice de Massa Corporal.

TABELA 2

IMC (kg/m²)	MULHER	HOMEM
entre 25 e 29,9	175	200
entre 30 e 34,9	200	225
entre 35 e 39,9	250	275
maior que 40	300	350

Pronto. O número de pontos que você deve fazer por dia é obtido pelo total de pontos gastos, que você já tem (metabolismo basal × fator de atividade) menos os pontos a serem descontados, de acordo com a tabela 2.

Desculpe pela insistência, mas vamos sumarizar nosso cálculo através dos passos para calcular o número de pontos a serem feitos por dia.

Passos para calcular o número de pontos por dia

1. Calcule o metabolismo basal:

Homens:

$$\frac{66 + (13,7 \times \text{peso em kg}) + (5 \times \text{altura em cm}) - (6,8 \times \text{idade})}{3,6}$$

Mulheres:

$$\frac{655 + (9,6 \times \text{peso em kg}) + (1,7 \times \text{altura em cm}) - (4,7 \times \text{idade})}{3,6}$$

2. Calcule o que você gasta em pontos por dia, que representa o gasto energético total, multiplicando o metabolismo basal pelo fator de atividade expresso na tabela 1.

Total de pontos gastos = Metabolismo basal × FA

3. Calcule seu Índice de Massa Corporal e verifique o número de pontos a serem descontados de acordo com ele (tabela 2).

$$\frac{\text{peso (kg)}}{\text{alt} \times \text{alt (m}^2)} = \text{IMC} \rightarrow \text{pontos a serem descontados}$$

4. Para finalmente saber o número de pontos a serem consumidos por dia, utilize a subtração:

**pontos a serem consumidos por dia =
total de pontos gastos – pontos a serem descontados**

Pronto! Agora você já sabe o número de pontos que pode consumir por dia.

Como você já deve ter percebido, este balanço dos pontos permite a perda e a manutenção do peso em níveis satisfatórios.

Levando em conta seu organismo e seus hábitos e utilizando os princípios do balanço dos pontos, você pode encontrar uma maneira dinâmica de manter um equilíbrio entre o que come e o que gasta. Digamos que você tenha já um peso apropriado que o mantém com um balanço igual a 0 (zero), isto é, o que você come em pontos é igual ao que gasta em pontos. Digamos também que este equilíbrio foi alcançado com um fator de atividade de 1,3. Se você aumentar a sua atividade física (no cotidiano e/ou na atividade física programada) para um nível de atividade maior (fator de atividade 1,35 ou 1,4), isto significa que o número de pontos da alimentação poderá ser aumentado.

Por outro lado, se alguma circunstância da vida (problema ortopédico, mudança de atividade etc.) o obrigar a diminuir a atividade física, refaça os cálculos e diminua os pontos de sua alimentação.

É obvio que os cálculos aqui sugeridos não são absolutamente exatos, mas dão uma boa aproximação do que deve estar acontecendo.

Algumas considerações finais devem ser feitas ao utilizar o nosso sistema.

1. No início, é altamente recomendável que você anote os pontos de sua alimentação. A experiência me ensinou que quando se escreve a aderência é muito melhor.

2. Procure manter um nível de atividade no mínimo moderado; isto não só é bom para poder comer mais, mas também para propiciar ao seu corpo e a sua mente os inegáveis benefícios que a atividade física proporciona.

A cada 5 quilos perdidos, refaça os cálculos, porque o número de pontos gastos vai diminuir e a perda de peso será cada vez menor, a não ser que você diminua os pontos na alimentação.

4. Nunca coma menos que 300 pontos por dia, porque abaixo desta pontuação haverá certamente uma carência nutricional (de minerais e de vitaminas, por exemplo). Se ainda o seu peso não tiver chegado a um valor satisfatório, aumente a atividade física (para fazer um balanço calórico negativo), procure um médico ou conforme-se. É possível que você não esteja esteticamente como deseja mas, com certeza, já está bem mais apresentável e com certeza com muito mais saúde (mesmo que não se dê conta disto).

5. E, finalmente, nossa intenção ao escrever este livro é sugerir o uso do balanço de pontos e não resolver o problema de peso (e de saúde) de todo mundo.

   O excesso de peso pode se constituir num fator de risco à saúde muito grande e muitas são as suas causas. O uso do nosso sistema não substitui uma consulta médica para avaliar todas as circunstâncias que possam estar afetando a saúde. Esta é a melhor maneira de tratar a doença (no nosso caso, o excesso de peso). Acreditamos, no entanto, que, como enfoque prático, o uso do balanço de pontos pode ser de grande benefício para um grande número de pessoas.

6. Na página 141 você encontrará os pontos dos diversos alimentos. Agora, com uma calculadora e muita vontade de perder peso, é só seguir em frente. Sirva-se!

Vamos dar alguns exemplos para fixar bem o princípio:

EXEMPLO A

SEXO mulher
PESO 70 kg
ALTURA 1,62 m
IDADE 32 anos
ATIVIDADE cotidiano agitado com bicicleta ergométrica
7 vezes por semana por 45 minutos

1. Cálculo do metabolismo basal

$$\frac{655 + (9,6 \times 70) + (1,7 \times 162) - (4,7 \times 32)}{3,6} =$$

$$\frac{655 + 672 + 275,4 - 150,4}{3,6} = \frac{1452}{3,6} = 403,3 \text{ pontos}$$

2. Cálculo do gasto energético total

403,3 × 1,45 = 584,8 pontos

3. Cálculo do Índice de Massa Corporal

$$\frac{70}{1,62 \times 1,62} = \frac{70}{2,62} = 26,7 \text{ kg/m}^2$$

4. Pontos a serem subtraídos do gasto energético total

IMC (kg/m²)	MULHER	HOMEM
entre 25 e 29,9	175	200
entre 30 e 34,9	200	225
entre 35 e 39,9	250	275
maior que 40	300	350

5. Total de pontos a ser consumido por dia

584,8 – 175 = 409,8 pontos

EXEMPLO B

SEXO   mulher
PESO   78 kg
ALTURA   1,58 m
IDADE   25 anos
ATIVIDADE   cotidiano agitado mas sem atividade
                 física programada

1. Cálculo do metabolismo basal

$$\frac{655 + (9{,}6 \times 78) + (1{,}7 \times 158) - (4{,}7 \times 25)}{3{,}6} =$$

$$\frac{655 + 748{,}8 + 268{,}6 - 117{,}5}{3{,}6} = \frac{1554{,}9}{3{,}6} = 431{,}9 \text{ pontos}$$

2. Cálculo do gasto energético total

$$431{,}9 \times 1{,}3 = 561{,}5 \text{ pontos}$$

3. Cálculo do Índice de Massa Corporal

$$\frac{78}{1{,}58 \times 1{,}58} = \frac{78}{2{,}50} = 31{,}2 \text{ kg/m}^2$$

4. Pontos a serem subtraídos do gasto energético total

IMC (kg/m²)	MULHER	HOMEM
entre 25 e 29,9 ·	175	200
entre 30 e 34,9	200	225
entre 35 e 39,9	250	275
maior que 40	300	350

5. Total de pontos a ser consumido por dia

$$561{,}5 - 200 = 361{,}5 \text{ pontos}$$

EXEMPLO C

SEXO mulher
PESO 120 kg
ALTURA 1,70 m
IDADE 48 anos
ATIVIDADE sedentária com cotidiano parado

1. Cálculo do metabolismo basal

$$\frac{655 + (9,6 \times 120) + (1,7 \times 170) - (4,7 \times 48)}{3,6} =$$

$$\frac{655 + 1152 + 289 - 225,6}{3,6} = \frac{1870,4}{3,6} = 519,5 \text{ pontos}$$

2. Cálculo do gasto energético total

519,5 × 1,2 = 623,5 pontos

3. Cálculo do Índice de Massa Corporal

$$\frac{120}{1,70 \times 1,70} = \frac{120}{2,89} = 41,5 \text{ kg/m}^2$$

4. Pontos a serem subtraídos do gasto energético total

IMC (kg/m²)	MULHER	HOMEM
entre 25 e 29,9	175	200
entre 30 e 34,9	200	225
entre 35 e 39,9	250	275
maior que 40	300	350

5. Total de pontos a ser consumido por dia

623,5 − 300 = 323,5 pontos

EXEMPLO D

SEXO	homem
PESO	90 kg
ALTURA	1,78 m
IDADE	32 anos
ATIVIDADE	cotidiano movimentado com corrida 3 × por semana por 35 minutos

1. Cálculo do metabolismo basal

$$\frac{66 + (13,7 \times 90) + (5 \times 178) - (6,8 \times 32)}{3,6} =$$

$$\frac{66 + 1233 + 890 - 217,6}{3,6} = \frac{1971,4}{3,6} = 547,6 \text{ pontos}$$

2. Cálculo do gasto energético total

$$547,6 \times 1,4 = 766,6 \text{ pontos}$$

3. Cálculo do Índice de Massa Corporal

$$\frac{90}{1,78 \times 1,78} = \frac{90}{3,17} = 28,4 \text{ kg/m}^2$$

4. Pontos a serem subtraídos do gasto energético total

IMC (kg/m²)	MULHER	HOMEM
entre 25 e 29,9	175	200
entre 30 e 34,9	200	225
entre 35 e 39,9	250	275
maior que 40	300	350

5. Total de pontos a ser consumido por dia

$$766,6 - 200 = 566,6 \text{ pontos}$$

EXEMPLO E

SEXO   homem
PESO   115 kg
ALTURA   1,77 m
IDADE   43 anos
ATIVIDADE   40 minutos de corrida e 40 minutos
de musculação diariamente

1. Cálculo do metabolismo basal

$$\frac{66 + (13,7 \times 115) + (1,7 \times 177) - (4,7 \times 43)}{3,6} =$$

$$\frac{66 + 1575,5 + 300,9 - 202,1}{3,6} = \frac{1740,3}{3,6} = 483,4 \text{ pontos}$$

2. Cálculo do gasto energético total

$$483,4 \times 1,6 = 773,5 \text{ pontos}$$

3. Cálculo do Índice de Massa Corporal

$$\frac{115}{1,77 \times 1,77} = \frac{115}{3,13} = 36,7 \text{ kg/m}^2$$

4. Pontos a serem subtraídos do gasto energético total

IMC (kg/m²)	MULHER	HOMEM
entre 25 e 29,9	175	200
entre 30 e 34,9	200	225
entre 35 e 39,9	250	275
maior que 40	300	350

5. Total de pontos a ser consumido por dia

$$773,5 - 275 = 498,5 \text{ pontos}$$

EXEMPLO F

SEXO homem
PESO 128 kg
ALTURA 1,75 m
IDADE 24 anos
ATIVIDADE cotidiano agitado sem atividade
física programada

1. Cálculo do metabolismo basal

$$\frac{66 + (13,7 \times 128) + (5 \times 175) - (6,8 \times 24)}{3,6} =$$

$$\frac{66 + 1753,6 + 875 - 163,2}{3,6} = \frac{2531,4}{3,6} = 703,2 \text{ pontos}$$

2. Cálculo do gasto energético total

$$703,2 \times 1,3 = 914,2 \text{ pontos}$$

3. Cálculo do Índice de Massa Corporal

$$\frac{128}{1,75 \times 1,75} = \frac{128}{3,06} = 41,8 \text{ kg/m}^2$$

4. Pontos a serem subtraídos do gasto energético total

IMC (kg/m²)	MULHER	HOMEM
entre 25 e 29,9	175	200
entre 30 e 34,9	200	225
entre 35 e 39,9	250	275
maior que 40	300	350

5. Total de pontos a ser consumido por dia

$$914,2 - 350 = 564,2 \text{ pontos}$$

TABELA DE PONTOS

VEGETAIS I (à vontade)
Acelga, agrião, aipo, alface, alfafa, alga marinha, almeirão, chicória, couve, couve-de-bruxelas, erva-doce, escarola, espinafre, endívia, folha de beterraba, jiló, maxixe, mostarda, nabo, pepino, rabanete, radicchio, repolho, rúcula, salsão, taioba, tomate.

VEGETAIS II (2 colheres de sopa cheias = 10 pontos)
Abóbora, abobrinha, alcachofra, aspargo, berinjela, beterraba, brócolos, broto de bambu, broto de feijão, cebola, cenoura, chuchu, cogumelo, couve-flor, ervilha-torta, palmito, pimentão, quiabo, shimeji, shiitake, vagem.

CARNES E OVOS (1 porção = 45 pontos)
Almôndega (bovina) .... 2 unidades (50g)
Almôndega (frango) .... 3 unidades (75g)
Almôndega (peru) .... 3 unidades (75g)
Cabrito .... 2 pedaços (100g)
Carne moída .... 4 colheres de sopa (100g)
Carne-seca .... 2 colheres de sopa (30g)
Carne-de-soja .... 1 porção (80g)
Carne de vaca .... 1 filé (100g)
Carpaccio com molho .... 1 prato de sobremesa
Chester .... 3 fatias (100g)
Coelho .... 2 pedaços (100g)
Cordeiro .... 2 pedaços (100g)

Fígado .... 1 bife (100g)
Frango (carne branca) .... 1 filé (100g)
Frango (partes) .... 2 pedaços (100g)
Hambúrguer (bovino) .... 1½ unidade (80g)
Hambúrguer (frango) .... 2 unidades (100g)
Hambúrguer (peru) .... 1½ unidade (80g)
Língua .... 2 fatias (75g)
Lingüiça .... 1 unidade (50g)
Miúdos .... 1 pires de chá (100g)
Ovo (clara) .... 10 unidades (200g)
Ovo (gema) .... 3 unidades (45g)
Ovo de codorna .... 9 unidades (100g)
Ovo inteiro .... 2 unidades (90g)
Peru (carne branca) .... 3 fatias (100g)
Peru (partes) .... 2 pedaços (100g)
Porco (lombo) .... 2 fatias (80g)
Porco (pernil) .... 1 pedaço (60g)
Quibe assado .... 1 porção (100g)
Salsicha (chester) .... 3 unidades
Salsicha (frango) .... 3 unidades
Salsicha (peru) .... 3 unidades
Salsicha (suína) .... 1½ unidade
Strogonoff .... 3 colheres de sopa

PEIXES E FRUTOS DO MAR (1 porção = 40 pontos)
Arenque defumado .... 1 porção (50g)
Atum em óleo .... 2 colheres de sopa
Atum na salmoura .... 3 colheres de sopa
Bacalhau .... 1 pires de chá
Bacalhau / Atum fresco 100g
Badejo 200g
Camarão .... 1 pires de chá raso
Camarão com catupiry .... 2 colheres de sopa
Camarão seco .... 1 colher de sopa
Cação .... 1 posta pequena (100g)
Carne de siri .... 1 pires de chá (200g)

Dourado 200g
Haddock 100g
Kani kama .... 10 unidades
Lagosta .... 1unidade grande (200g)
Linguado 200g
Lula .... 1 pires de chá
Marisco .... 1 pires de chá
Merluza .... 1 filé (100g)
Namorado .... 1 filé (100g)
Ostras .... 10 unidades
Pargo .... 1 filé (200g)
Pescada branca .... 2 unidades (200g)
Pintado 200g
Polvo .... 1 pires de chá
Salmão .... 1 filé (100g)
Salmão defumado .... 3 fatias
Sardinha fresca .... 4 unidades
Sardinha em óleo .... 2 unidades
Sardinha com tomate .... 3 unidades
Sashimi .... 20 fatias
Truta .... 1 unidade (200g)
Vieiras .... 1 pires de chá

GRÃOS, TUBÉRCULOS E FARINÁCEOS I (1 porção = 20 pontos)

All-Bran .... 3 colheres de sopa
Arroz .... 2 colheres de sopa
Arroz à grega .... 2 colheres de sopa
Arroz integral .... 2 colheres de sopa
Aveia .... 1 colher de sopa
Corn flakes .... 4 colheres de sopa
Ervilha .... 4 colheres de sopa
Farelo de aveia .... 1 colher de sopa
Farinha de mandioca .... 1 colher de sopa
Farinha de trigo .... 2 colheres de sopa
Fava .... 4 colheres de sopa
Feijão .... 4 colheres de sopa

Fubá .... 1 colher de sopa
Gergelim .... 2 colheres de chá
Germe de trigo .... 2 colheres de sobremesa
Granola .... 2 colheres de sopa
Grão-de-bico .... 2 colheres de sopa
Hossomaki .... 4 unidades
Lentilha .... 4 colheres de sopa
Maisena .... 2 colheres de sopa
Mandioca .... 2 pedaços
Mandioquinha .... 1 unidade
Milho .... 3 colheres de sopa
Musli .... 2 colheres de sopa
Risoto .... 1 colher de sopa
Salada de maionese .... 1 colher de sopa
Soja .... 3 colheres de sopa
Souflês .... 1 colher de sopa
Sucrilhos .... 4 colheres de sopa
Sushi .... 2 unidades
Tabule (sem azeite) .... 2 colheres de sopa

GRÃOS, TUBÉRCULOS E FARINÁCEOS II (1 porção = 40 pontos)

Baked potato (sem recheio) .... ½ unidade
Batata .... 2 unidades pequenas
Batata-doce .... 1 unidade pequena
Canelone .... 2 unidades
Capelete .... 1 xícara de chá
Creme de milho .... 2 colheres de sopa
Cuscuz marroquino .... 3 colheres de sopa
Farofa .... 2 colheres de sopa
Lasanha .... 2 colheres de sopa
Macarrão cozido .... 2 xícaras de chá
Macarrão instantâneo .... ½ unidade
Nhoque .... 4 colheres de sopa
Panqueca com molho .... ½ unidade
Crepe sem molho .... ½ unidade

Polenta assada	2 colheres de sopa
Purê de batata	2 colheres de sopa
Quiche	1 unidade pequena
Ravioli	1 xícara de chá
Rondelli	1 unidade
Temaki sem maionese	1 unidade
Torta salgada	1 pedaço pequeno
Yakissoba	1 xícara de chá

FRUTAS I (1 porção = 10 pontos)

Abacaxi	1 fatia
Ameixa amarela	3 unidades
Ameixa vermelha	2 unidades
Acerola	5 unidades
Amora	1 pires de chá
Banana-maçã	½ unidade
Banana-ouro	1 unidade
Banana-prata	½ unidade
Blueberry	3 colheres de sopa
Caju	2 unidades
Carambola	3 unidades
Cereja	6 unidades
Figo	1 unidade
Framboesa	2 colheres de sopa
Grapefruit	½ unidade
Jabuticaba	1 pires de chá
Jaca	3 bagos
Laranja	1 unidade
Lichia	4 unidades
Mamão	1 fatia
Manga	¼ unidade
Maracujá	1 unidade
Melão	1 fatia
Nectarina	2 unidades
Nêspera	2 unidades

Pêssego .... 1 unidade
Pitanga .... 3 colheres de sopa
Uvas .... 12 unidades

FRUTAS II (1 porção = 15 pontos)
Abacate .... 1 colher de sopa
Abricó .... 3 unidades
Banana-nanica .... ½ unidade
Caqui .... ½ unidade
Fruta-do-conde .... ½ unidade
Goiaba .... 1 unidade
Kiwi .... 1 unidade
Lima-da-pérsia .... 2 unidades
Maçã .... 1 unidade
Melancia .... 1 fatia
Morango .... 8 unidades
Papaya .... ½ unidade
Pêra .... 1 unidade
Salada de frutas .... 3 colheres de sopa
Tâmara .... 3 unidades
Tangerina (mexerica) .... 1 unidade

ÓLEOS E GORDURAS (1 porção = 20 pontos)
Azeite .... 1 colher de chá
Bacon .... 1 fatia
Manteiga .... 1 colher de chá
Margarina .... 1 colher de chá
Óleos vegetais .... 1 colher de chá

LEITES E IOGURTES
Coalhada seca .... 1 colher de sopa = 15 pontos
Creme de leite .... 1 colher de chá = 10 pontos
Danone .... 1 unidade = 30 pontos
Danoninho .... 1 unidade = 15 pontos
Iogurte batido .... 1 copo (200 ml) = 50 pontos
Iogurte desnatado .... 1 copo (200 ml) = 25 pontos

Iogurte com mel .... 1 unidade (220 ml) = 60 pontos
Iogurte natural .... 1 copo (200 ml) = 40 pontos
Leite desnatado .... 1 copo (200 ml) = 20 pontos
Leite semidesnatado .... 1 copo (200 ml) = 25 pontos
Leite em pó .... 4 medidas = 50 pontos
Leite de soja .... 1 copo (200 ml) = 30 pontos
Leite integral .... 1 copo (200 ml) = 35 pontos
Mix Vigor .... 1 unidade (220 ml) = 60 pontos
Toddynho .... 1 unidade = 55 pontos
Yakult .... 1 unidade = 15 pontos

PÃES E BOLACHAS
Biscoito inglês .... 1 unidade = 15 pontos
Bisnaguinha .... 1 unidade = 20 pontos
Bolacha cream-craker .... 1 unidade = 6 pontos
Bolacha doce .... 1 unidade = 6 pontos
Bolacha recheada .... 1 unidade = 18 pontos
Brioche .... 1 unidade = 50 pontos
Broa de milho .... 1 unidade = 40 pontos
Cookies .... 1 unidade = 15 pontos
Croissant .... 1 unidade = 60 pontos
Panetone .... 1 fatia = 40 pontos
Pão de batata .... 1 unidade = 40 pontos
Pão de centeio .... 1 fatia = 20 pontos
Pão doce .... 1 unidade = 50 pontos
Pão de fôrma .... 1 fatia = 20 pontos
Pão francês .... 1 unidade = 40 pontos
Pão de glúten .... 1 fatia = 20 pontos
Pão de hambúrguer .... 1 unidade = 60 pontos
Pão de hot dog .... 1 unidade = 60 pontos
Pão integral .... 1 fatia = 20 pontos
Pão italiano .... 1 fatia = 20 pontos
Pão de queijo .... 1 unidade = 25 pontos
Pão sírio .... 1 unidade pequena = 20 pontos
Pão sueco .... 1 fatia = 20 pontos
Torrada Bi-Tost .... 2 unidades = 20 pontos

QUEIJOS E FRIOS

Alouette .... 2 colheres de sobremesa = 25 pontos

Blanquet (peru) .... 1 fatia fina = 5 pontos

Camembert / Brie .... 1 fatia fina = 25 pontos

Catupiry .... 1 colher de sopa = 20 pontos

Chester Lunch .... 1 fatia fina = 5 pontos

Cottage .... 2 colheres de sopa = 10 pontos

Cream cheese .... 2 colheres de sobremesa = 25 pontos

Fondue de queijo .... 1 colher de sopa = 50 pontos

Gorgonzola .... 1 fatia pequena = 20 pontos

Gruyére.................................. 1 fatia pequena = 20 pontos

Lombo defumado .... 1 fatia fina = 5 pontos

Mortadela (frango) .... 1 fatia fina = 10 pontos

Mortadela (suína) .... 1 fatia fina = 15 pontos

Mussarela .... 1 fatia fina = 20 pontos

Mussarela de búfala .... 1 unidade = 20 pontos

Parmesão .... 2 colheres de chá = 10 pontos

Pastrame .... 1 fatia pequena = 5 pontos

Peito de frango defumado .... 1 fatia fina = 5 pontos

Peito de peru defumado .... 1 fatia fina = 10 pontos

Polenguinho .... 1 unidade = 20 pontos

Presunto cru.................................. 1 fatia fina = 10 pontos

Presunto (peru) .... 1 fatia fina = 5 pontos

Presunto (suíno) .... 1 fatia fina = 10 pontos

Provolone .... 1 fatia fina = 25 pontos

Queijo-de-minas............................ 1 fatia fina = 5 pontos

Queijo prato................................ 1 fatia fina = 15 pontos

Queijo de soja (tofu) .... 1 fatia grande = 25 pontos

Queijo suíço .... 1 fatia pequena = 25 pontos

Requeijão................................ 1 colher de sopa =19 pontos

Ricota .... 1 fatia grande = 25 pontos

Roquefort .... 1 fatia pequena = 25 pontos

Rosbife .... 1 fatia pequena = 5 pontos

Salame .... 1 fatia fina = 5 pontos

Salsichão .... 1 fatia fina = 5 pontos

BEBIDAS

Água de coco .... 1 copo (200 ml) = 10 pontos
Batidas .... ½ unidade (100 ml) = 50 pontos
Blood Mary .... 1 copo pequeno (100 ml) = 34 pontos
Caldo de cana .... 1 copo (200 ml) = 30 pontos
Cerveja .... 1 lata (350 ml) = 40 pontos
Chá industrializado .... 1 unidade (200 ml) = 20 pontos
Chope .... 1 copo (300 ml) = 35 pontos
Coquetel de frutas .... ½ copo (100 ml) = 22 pontos
Gatorade .... 100 ml = 7 pontos
Gin / Cachaça .... 1 dose (40 ml) = 30 pontos
Groselha .... 1 copo (200 ml) = 24 pontos
Kir .... 1 taça (120ml) = 50 pontos
Licor .... 1 copo pequeno (80 ml) = 76 pontos
Martíni .... 1 taça (120 ml) = 30 pontos
Refrigerante .... 1 copo (200 ml) = 23 pontos
Refresco de frutas .... 1 copo (200 ml) = 18 pontos
Suco .... 1 copo (200 ml) = 35 pontos
Suco natural .... número de frutas
Uísque / Saquê .... 1 dose (40 ml) = 30 pontos
Vermute .... 1 taça (120 ml) = 30 pontos
Vinho / Champanhe .... 1 taça (120 ml) = 30 pontos
Vinho do Porto .... 1 copo pequeno (60 ml) = 56 pontos
Vodca .... 1 dose (40 ml) = 30 pontos

DOCES I

Açaí .... 100g = 67 pontos
Açúcar .... 1 colher de sopa = 17 pontos
Açúcar mascavo .... 1 colher de sopa = 15 pontos
Bala .... 1 unidade = 6 pontos
Cereja em calda .... 1 colher de sobremesa = 11 pontos
Chiclete... 1 unidade = 4 pontos
Creme de abacate .... 1 colher de sopa = 13 pontos
Doce de fruta em pasta .... 1 colher de sopa = 20 pontos
Fibrax .... 1 pacote = 30 pontos

Frutas em calda .... 1 porção = 30 pontos
Gelatina .... 1 colher de sopa = 7 pontos
Geléia .... 1 colher de sopa = 14 pontos
Goiabada .... 1 fatia = 11 pontos
Marrom-glacê .... 1 colher de sopa = 11 pontos
Mel .... 1 colher de sopa = 16 pontos
Sagu .... 1 colher de sopa = 10 pontos
Sorvetes de frutas sem leite .... 1 picolé = 19 pontos
Suspiro .... 1 unidade = 11 pontos

DOCES II

Arroz-doce .... 1 colher de sopa = 10 pontos
Bijou .... 1 unidade = 5 pontos
Bis .... 1 unidade = 11 pontos
Bolo comum .... 1 fatia = 60 pontos
Bomba creme .... 1 unidade = 85 pontos
Bombom (Sonho de Valsa) .... 1 unidade = 31 pontos
Brigadeiro .... 1 unidade pequena = 14 pontos
Camafeu / Doces caramelados .... 1 unidade = 25 pontos
Canjica .... 1 colher de sopa = 10 pontos
Chantilly .... 1 colher de sopa = 25 pontos
Chocolate .... 100g = 170 pontos
Coberturas .... 1 colher de sopa = 20 pontos
Cocada .... 1 unidade = 113 pontos
Creme de papaya .... 1 xícara de chá = 80 pontos
Doce de leite .... 1 colher de sopa = 27 pontos
Doces sírios .... 1 unidade = 75 pontos
Fios de ovos .... 1 colher de sopa = 62 pontos
Frozen yogurt .... 1 unidade = 32 pontos
Kaak (doce sírio) .... 1 unidade = 20 pontos
Leite condensado .... 1 colher de sopa = 14 pontos
Manjar .... 2 colheres de sopa = 55 pontos
Maria mole .... 1 unidade = 52 pontos
Merengue .... 1 unidade = 52 pontos
M&M amendoim .... 1 pacotinho (30g) = 41 pontos
M&M chocolate .... 1 pacotinho (30g) = 37 pontos

Mousse .... 1 colher de sopa = 28 pontos
Pão de mel .... 1 unidade pequena = 30 pontos
Paçoca .... 1 unidade = 32 pontos
Pamonha .... 1 unidade = 60 pontos
Papo-de-anjo .... 1 unidade = 42 pontos
Pavê .... 1 colher de sopa = 45 pontos
Pé-de-moleque .... 1 unidade = 25 pontos
Pudim .... 2 colheres de sopa = 55 pontos
Quindim .... 1 unidade pequena = 50 pontos
Sonho .... 1 unidade = 140 pontos
Sorvete com leite .... 1 bola ou 1 picolé = 55 pontos
Tapioca .... 1 porção = 40 pontos
Tortas doces .... 1 fatia = 110 pontos

SOPAS E MOLHOS

Caldo de carne .... 2 conchas = 8 pontos
Caldo de galinha .... 1 concha = 17 pontos
Caldo verde .... 1 concha = 21 pontos
Canja .... 1 concha = 30 pontos
Catchup .... 1 colher de sopa = 6 pontos
Creme de cebola .... 1 concha = 50 pontos
Creme de ervilha .... 1 concha = 50 pontos
Creme de legumes .... 2 conchas = 50 pontos
Maionese .... 1 colher de sopa = 30 pontos
Mango chutney .... 1 colher de sopa = 20 pontos
Missoshiro .... 1 concha = 17 pontos
Molho à bolonhesa .... 1 colher de sopa = 12 pontos
Molho branco .... 1 colher de sopa = 20 pontos
Molho de gergelim .... 1 colher de sopa = 25 pontos
Molho inglês .... 1 colher de sopa = 2 pontos
Molho de mostarda .... 1 colher de sopa = 24 pontos
Molho roquefort .... 1 colher de sopa = 36 pontos
Molho rosê .... 1 colher de sopa = 50 pontos
Molho tártaro .... 1 colher de sopa = 24 pontos
Molho de tomate .... à vontade
Molho de iogurte .... 1 colher de sopa = 8 pontos

Mostarda .... 1 colher de sopa = 3 pontos
Sopa de feijão .... 1 concha = 50 pontos
Sopa de tomate .... 1 concha = 15 pontos
Sopa de vegetais I e II .... 2 conchas = 24 pontos

GULOSEIMAS

Ameixa seca .... 1 unidade = 3 pontos
Amêndoa .... 1 unidade = 9 pontos
Amendoim .... 1 colher de sopa = 45 pontos
Avelã .... 1 unidade = 2 pontos
Azeitona .... 1 unidade = 2 pontos
Baconzitos .... 10 unidades = 10 pontos
Banana seca .... 1 unidade = 10 pontos
Barra de cereais .... 1 unidade = 28 pontos
Batata Chips .... 80g = 118 pontos
Batata Pringle's .... 1 unidade = 5 pontos
Biscoito de polvilho .... 1 unidade = 3 pontos
Biscoitos Minibits .... 1 unidade = 6 pontos
Castanha de caju .... 1 colher de sopa = 35 pontos
Castanha-do-pará .... 1 unidade = 10 pontos
Castanha portuguesa / Pinhão .... 1 unidade = 6 pontos
Caviar .... 1 colher de sopa = 10 pontos
Coco ralado .... 1 colher de sopa = 15 pontos
Damasco seco .... 1 unidade = 3 pontos
Figo seco .... 1 unidade = 6 pontos
Maçã seca .... ½ xícara de chá = 10 pontos
Noz .... 1 unidade = 10 pontos
Patê de berinjela .... 1 colher de chá = 10 pontos
Patê de galinha .... 1 colher de chá = 15 pontos
Pêra seca .... 1 unidade = 3 pontos
Pipoca estourada .... ½ saco grande (50g) = 66 pontos
Pistache .... 1 unidade = 3 pontos
Rosquinha .... 1 unidade = 5 pontos
Salgadinhos assados .... 1 unidade pequena = 20 pontos
Salgadinhos fritos .... 1 unidade pequena = 40 pontos
Tomate seco .... 1 unidade = 10 pontos

Tremoço .... 1 colher de sopa = 15 pontos
Uva passa .... 1 colher de sopa = 10 pontos

PRODUTOS DIET E LIGHT

Bacon Pieces Light .... 1 colher de sopa = 8 pontos
Bala diet.. 1 unidade = 2 pontos
Bolacha doce diet.. 1 unidade = 14 pontos
Bolo diet .... 1 fatia = 20 pontos
Capuccino diet .... 1 colher de sopa = 20 pontos
Cerveja light .... 1 lata = 28 pontos
Chá diet .... 1 copo (200 ml) = 10 pontos
Chiclete diet .... 1 unidade = 2 pontos
Chocolate em pó diet .... 1 colher de sopa = 20 pontos
Clight diet .... à vontade
Cream cheese light.............................. 1 colher de sopa = 14 pontos
Creme de leite diet.............................. 1 colher de chá = 7 pontos
Doce de leite diet .... 1 colher de sopa = 5 pontos
Frozen diet .... 1 unidade = 17 pontos
Gelatina diet.. 2 colheres de sopa = 2 pontos
Geléia de mocotó diet .... 1 porção = 22 pontos
Geléia diet .... 1 colher de sopa = 5 pontos
Groselha diet .... 2 colheres de sopa = 5 pontos
Iogurte diet ou light .... 1 unidade = 14 pontos
Leite condensado diet.......................... 1 colher de sopa = 6 pontos
Maionese light .... 1 colher de sopa = 14 pontos
Margarina light .... 1 colher de chá = 15 pontos
Marshmellow diet .... 1 colher de sopa = 7 pontos
Pão diet ou light .... 1 fatia = 15 pontos
Pipoca light .... ½ saco grande = 33 pontos
Pudim diet .... 1 porção = 20 pontos
Queijo Danubio light .... 1 fatia grande = 15 pontos
Refrigerante diet / light .... à vontade
Requeijão light .... 1 colher de sopa = 10 pontos
Shakes diet com água .... 1 porção = 32 pontos
Shakes diet com leite desnatado .... 1 porção = 56 pontos

Sorvete diet ou light .... 1 bola = 25 pontos
Suco diet ou light.................................. 1 copo (200 ml) = 10 pontos

PREPARAÇÕES JUDAICAS

Arenque marinado .... 1 pires de chá = 101 pontos
Biscoitos de cebola (Kichalech mit tzibale) .. 1 unidade = 17 pontos
Bolinhos de peixe (Guefilte Fish) .... 6 unidades = 160 pontos
Bolo de mel (Onek Leikach) .... 1 fatia = 65 pontos
Caldo de frango (Guildene) .... 1 xícara de chá = 131 pontos
Chalah .... 1 fatia fina = 45 pontos
Compota de Pessach .... 1 xícara de café = 126 pontos
Condimento para peixe (Chrein) .... 2 colheres de sopa = 15 pontos
Falafel .... 1 unidade = 23 pontos
Falso macarrão (Spaetzle) .... 3 colheres de sopa = 74 pontos
Homus.................................. 3 colheres de sopa = 47 pontos
Maçã assada com nozes...................................... 1 unidade = 64 pontos
Massa frita para sopa (Mondeleck) . 2 colheres de sopa = 31 pontos
Matze .... 1 unidade = 20 pontos
Panquecas (Blintses) .... 1 unidade = 87 pontos
Pastéis cozidos (Varenikes) .... 1 unidade = 115 pontos
Pastéis de batata (Knishes) .... 1 unidade = 148 pontos
Pastéis de ricota (Bureka) .... 1 unidade = 192 pontos
Pepino agridoce .... 2 unidades = 9 pontos
Pepino em conserva.. 2 unidades = 2 pontos
Repolho roxo com maçã .... 4 colheres de sopa = 47 pontos
Salada de fígado de galinha.............. 2 colheres de sopa = 84 pontos
Salada de ovos (Eir mit tzibale) .... 3 colheres de sopa = 41 pontos
Salada de tahine .... 3 colheres de sopa = 27 pontos
Sopa de beterraba (Borsht) .... 1 xícara de chá = 22 pontos
Tchoulent simples (cozido) .... 3 colheres de sopa = 114 pontos
Torta de queijo (Kese Kejel) .... 1 fatia = 148 pontos
Trigo sarraceno (Kashe) .... 3 colheres de sopa = 138 pontos

SANDUÍCHES

Americano.. 1 unidade = 165 pontos
Bauru .... 1 unidade = 110 pontos

Beirute .... 1 unidade = 150 pontos
Cachorro-quente .... 1 unidade = 92 pontos
Misto quente .... 1 unidade = 100 pontos
Queijo quente .... 1 unidade = 100 pontos

PIZZAS (1 fatia média)

Atum.. 74 pontos
Calabresa .... 100 pontos
Escarola .... 74 pontos
Frango com catupiry .... 85 pontos
Marguerita .... 81 pontos
Mussarela .... 81 pontos
Portuguesa .... 100 pontos
Quatro queijos .... 103 pontos

McDONALD'S

Big Mac .... 164 pontos
Cheddar McMelt.. 155 pontos
Cheesebúrguer .... 85 pontos
Chicken McNuggets com 6 unidades .... 106 pontos
Hambúrguer .... 83 pontos
McChicken .... 138 pontos
McCookies .... 78 pontos
McFish .... 124 pontos
McFritas pequena .... 49 pontos
McFritas média .... 64 pontos
McFritas grande .... 110 pontos
McFruit pequeno .... 50 pontos
McFruit médio .... 84 pontos
McSalad Bacon .... 113 pontos
Milk-shake pequeno .... 81 pontos
Milk-shake médio .... 129 pontos
Molho (McNuggets) .... 12 pontos
Quarteirão com Queijo .... 147 pontos
Sorvete de casquinha McDonald's....................... 76 pontos

Sundae McDonald's .... 84 pontos
Torta McDonald's .... 67 pontos

CHURRASCARIA
Alcatra .... 4 fatias finas = 56 pontos
Contrafilé .... 4 fatias finas = 56 pontos
Coração de galinha .... 8 unidades = 54 pontos
Costela de boi .... 1 unidade (100g) = 106 pontos
Costela de porco .... 1 unidade (100g) = 96 pontos
Filé mignon .... 4 fatias finas = 56 pontos
Fraldinha .... 3 fatias finas = 30 pontos
Frango com pele .... 1 pedaço = 45 pontos
Javali .... 100g = 75 pontos
Maminha .... 3 fatias finas = 30 pontos
Lingüiça .... 1 unidade = 45 pontos
Perna de carneiro .... 1 unidade (100g) = 66 pontos
Picanha .... 5 fatias finas = 100 pontos
T-Bone .... 100g = 106 pontos

PREPARAÇÕES REGIONAIS
Acarajé .... 1 unidade = 80 pontos
Angu .... 1 colher de sopa = 12 pontos
Arroz-de-carreteiro .... 1 colher de sopa = 17 pontos
Arroz com pequi .... 1 colher de sopa = 20 pontos
Baião-de-dois .... 1 concha = 90 pontos
Bobó de camarão .... 3 colheres de sopa = 40 pontos
Caldeirada de frutos do mar .... 1 concha = 25 pontos
Caruru .... 1 colher de sopa = 6 pontos
Casquinha de siri .... 1 unidade pequena = 40 pontos
Cuscuz .... 1 fatia fina = 20 pontos
Dobradinha ensopada .... 1 concha = 22 pontos
Farofa de pinhão .... 1 colher de sopa = 15 pontos
Feijão-tropeiro .... 2 colheres de sopa = 28 pontos
Feijoada .... 2 colheres de sopa = 40 pontos
Fritada de caranguejo .... 1 concha = 33 pontos
Galinhada .... 1 concha = 45 pontos

Leitão pururuca .... 1 porção pequena = 95 pontos
Moqueca de peixe .... 1 concha = 112 pontos
Paçoca de carne de sol .... 1 colher de sopa = 21 pontos
Pirão de peixe .... 2 colheres de sopa = 20 pontos
Quibebe .... 2 colheres de sopa = 10 pontos
Rabada .... 1 porção = 45 pontos
Roupa-velha .... 1 porção = 102 pontos
Torresmo pururuca .... 1 colher de sopa = 53 pontos
Tutu de feijão .... 2 colheres de sopa = 20 pontos
Vatapá .... 1 colher de sopa = 20 pontos

COMIDA ÁRABE
Abobrinha recheada .... 1 porção = 118 pontos
Charuto de uva .... 7 unidades = 112 pontos
Charuto de repolho .... 6 unidades = 108 pontos
Coalhada seca .... 1 porção (210g) = 211 pontos
Coalhada fresca .... 1 porção (120g) = 97 pontos
Esfiha de queijo .... 1 unidade = 67 pontos
Esfiha de carne .... 1 unidade = 58 pontos
Fogazza de calabreza.......................... 1 unidade = 96 pontos
Fogazza de catupiry .... 1 unidade = 91 pontos
Fogazza de mussarela .... 1 unidade = 98 pontos
Homus .... 1 porção (240g) = 131 pontos
Kafta na bandeja .... 3 unidades = 147 pontos
Prato verão .... 1 porção = 136 pontos
Prato primavera .... 1 porção = 151 pontos
Quibe frito .... 1 unidade = 89 pontos

COMIDA CHINESA (1 porção = 350g)
Arroz chop-suei .... 81 pontos
Bifum... 192 pontos
Camarão apimentado .... 55 pontos
Camarão ao molho de gengibre .... 59 pontos
Camarão chop-suei .... 65 pontos
Carne ao molho curry................................. 77 pontos
Chop-suei de carne.................................... 83 pontos

Família feliz .... 87 pontos
Filé em tiras .... 88 pontos
Filé em tiras especial... 83 pontos
Filé fatiado / Filé fatiado especial .... 86 pontos
Frango agridoce .... 84 pontos
Frango ao curry .... 101 pontos
Frango ao molho de gengibre .... 133 pontos
Frango chop-suei .... 99 pontos
Frango frito .... 121 pontos
Frango xadrez .... 109 pontos
Frango xadrez especial .... 106 pontos
Lombo frito... 270 pontos
Macarrão chop-suei... 103 pontos
Macarrão com camarão .... 99 pontos
Macarrão especial .... 110 pontos
Peixe apimentado .... 83 pontos
Peixe ao molho de gengibre .... 84 pontos
Peixe chop-suei .... 57 pontos
Porco agridoce .... 148 pontos

COMIDA ITALIANA
Agnelotti.. 76 pontos
Frango à milanesa.. 142 pontos
Gnochi .... 113 pontos
Lasanha bolonhesa .... 175 pontos
Lasanha funghi .... 113 pontos
Molho Bella Dona .... 35 pontos
Molho bolonhesa .... 78 pontos
Ravioli .... 73 pontos

Observações

1. As preparações devem ser grelhadas, assadas ou cozidas; se houver fritura simples (em imersão), os pontos deverão ser multiplicados por 3, ou se houver fritura milanesa ou empanada, os pontos deverão ser multiplicados por 4.

2. O tempero das preparações deve ser computado ao final de cada refeição, acrescendo 15 pontos, sem levar em conta o tempero das saladas, que deve ser computado à parte.

3. Temperos à vontade: aceto balsâmico, sal, suco de limão, alho, cheiro-verde, vinagre, pimenta, curry, estragão, raiz forte, salsão, gengibre, louro, hortelã, mostarda em grão, canela, cominho, tomilho, alecrim, noz-moscada, alcaparras, shoyu e molho de tomate.

4. Água, chá, café e limonada sem açúcar não valem pontos.

5. Adoçante dietético à vontade.

6. Utilizar o óleo de sua preferência: soja, milho, girassol ou canola.

7. Coma devagar e mastigue bem os alimentos.

8. Evite líquidos durante as refeições.

9. Anote diariamente os alimentos consumidos, suas quantidades e o número de pontos, para saber se o total foi ultrapassado e se será necessária a compensação no dia posterior.

10. FAÇA EXERCÍCIOS – MEXA-SE!

Este livro foi composto na tipologia Minion e
Myriad em corpo 11/15 e impresso em papel
off-set 90g/m² no Sistema Cameron da
Divisão Gráfica da Distribuidora Record.